Manfred Kittel / Böhmerwald

Manfred Kittel

Böhmerwald

Erlebnis-Wanderführer

MITTELBAYERISCHER VERLAG REGENSBURG

Die Deutsche Bibliothek – CIP-Einheitsaufnahme
Ein Titeldatensatz für diese Publikation ist bei
Der Deutschen Bibliothek erhältlich

Manfred Kittel
Böhmerwald. Erlebnis-Wanderführer
© Mittelbayerischer Verlag KG, Regensburg 2001
www.mz-buchverlag.de
Umschlag: Anna Braungart, Regensburg
Satz: Vollnhals Fotosatz, Mühlhausen
Druck: DONAUDRUCK Regensburg GmbH
Printed in Germany

ISBN 3-931904-89-X

Inhalt

5

Inhalt

Zur Einführung

Die Wandervorschläge in diesem Buch sind meist Rundwege im grenznahen Bereich, ausgehend von Grenzorten in Deutschland, beginnend im Norden beim Grenzübergang Eslarn, endend beim österreichischen Grenzort Bad Leonfelden. Die Routen verlaufen also im Böhmerwald bis etwa 30 km in das Landesinnere von Tschechien. Die Wege sind im Großen und Ganzen gut markiert, man muss sich nur mit den Balkenmarkierungen vertraut machen, die in allen osteuropäischen Ländern üblich sind. Die Wege sind in der Regel auch gut zu gehen, auf Ausnahmen wird ausdrücklich hingewiesen. Einkehrmöglichkeiten sind auf den Rundkursen allerdings nur spärlich zu finden. Man sollte also unbedingt etwas zu trinken mitnehmen und vielleicht etwas zu essen, vor allem wenn Kinder dabei sind.

Das Büchlein enthält im Anhang einen kleinen Sprachführer mit den wichtigsten Begriffen. An den Informationsstellen, bei den Betreuern des Nationalparks und in den Geschäften und Gasthäusern wird aber häufig Deutsch verstanden. Für Bus- und Bahnfahrten sollte man tschechische Kronen dabei haben. Abweichungen von den beschriebenen Routen sind nicht empfehlenswert. Die Landschaft ist weitgehend ursprünglich. Im südlichen Teil des Böhmerwaldes ist der Tourismus ausgeprägter als im nördlichen Teil. An den Märkten entlang der Fernstraßen, die fast ausschließlich von Asiaten betreut werden, sollte man sich nicht stören. Wer wandert, sollte eine Karte und vielleicht auch einen Kompass dabei haben und sich mit beidem auskennen. Die Kleidung muss entsprechend sein und auch das Schuhwerk. Regen- und Kälteschutz mitzunehmen ist empfehlenswert, denn diese Breiten haben ein raues Klima.

Bei der Beschaffung von Informationen über Wege und Sehenswürdigkeiten, über Land und Leute, waren eine Reihe von Fremdenverkehrsbüros auf deutscher Seite, aber auch auf tschechischer Seite hilfreich. Wer sich an geführten Radwanderungen im Böhmerwald beteiligen will, kann sich an die Organisation „Begegnung mit Böhmen", Dechbettener Straße 47 b, 93049 Regensburg, wenden.

Ein Dankeschön des Autors gilt u. a. dem Verkehrsamtteam Bayerisch Eisenstein, der Touristinformation und der Stadtverwaltung Furth im Wald, dem Verkehrsamt Haidmühle, dem Verkehrsamt des Marktes Neukirchen b. Hl. Blut, dem Club Tschechischer Touristen, Domažlice, hier speziell Herrn Petr Matějka, aber auch dem Kulturreferat der Stadt Domažlice, dem Kultur- und Informationsressort der Stadt Kašperské Hory, speziell Frau Ingenieur Halbhuberová, der Kulturabteilung der Stadt Klatovy, dem Referat Regionalentwicklung des Landkreises Prachatice, speziell Frau Hana Šimková und dem Tourismusbüro des Marktes Železná Ruda, speziell Herrn Matoušek.

Die Grenzübergänge

Wichtig ist noch zu wissen, welche Grenzübergänge es gibt, welche für Pkw genutzt werden können und welche ausschließlich für Fußgänger und Radfahrer vorgesehen sind:

Eslarn, Tillyschanze – Železná (Eisendorf):
    für Pkw mit Einschränkung
Schönsee, Friedrichshäng – Plöß:
    nur für Wanderer und Radfahrer
Stadlern – Schwarzach – Rybnik (Waier):
    nur für Wanderer und Radfahrer
Waldmünchen – Gosselhammer – Nemanice (Wassersuppen):
    für Kraftfahrzeuge
Waldmünchen – Kramberg – Čerchov (Schwarzkopf):
    nur für Wanderer und Radfahrer
Furth im Wald – Dreiwappen – Bystrice (Fichtenbach):
    nur für Wanderer
Furth im Wald – Hochstraße – Česká Kubice (Böhmisch Kubitzen):
    nur für Wanderer und Radfahrer
Furth im Wald, Zollhaus – Folmava (Vollmau):
    für Kraftfahrzeuge
Eschlkam, Neuaign – Všeruby (Neumark):
    für Kraftfahrzeuge
Neukirchen bei Heilig Blut, Hofberg – Zadni (Flecken):
    nur für Wanderer und Radfahrer

Rittsteig – Gaishof – Svatá Kateřina (St. Katarina):
   für Kraftfahrzeuge
Osser – Homry:
   nur für Wanderer
Bayerisch Eisenstein – Bahnhof – Železná Ruda (Markt Eisenstein):
   für Kraftfahrzeuge
Finsterau – Bučina (Buchwald):
   Kraftfahrzeuge mit Einschränkungen
Philippsreut – Marchhäuser – Strážny (Kuschwarda):
   für Kraftfahrzeuge
Haidmühle – Stožec (Tusset):
   nur für Wanderer
Dreisessel – Třístoličnik
   (nur für Wanderer)
Bad Leonfelden – Vyšší Brod:
   für Kraftfahrzeuge

Die Wegmarkierungen im Böhmerwald

Die Markierungen der Wanderwege im Böhmerwald bestehen, wie übrigens in allen Staaten des ehemaligen Ostblocks, aus einem zehn mal zwölf Zentimeter großen Rechteck, das sich aus drei gleich breiten waagerechten Balken zusammensetzt. Der obere und der untere Balken sind weiß. Der mittlere Balken kann blau, rot, gelb oder grün sein. Darüber hinaus gibt es noch andere Markierungen, die zu bestimmten Zielen, beispielsweise zu einer Burg, führen. Wer sich dieses Markierungssystem einprägt, wird kaum Probleme haben, sich auf tschechischen Wanderwegen zu orientieren. Wo mehrere Routen parallel zueinander verlaufen, sind in der Regel sämtliche Markierungen an einer Stelle angebracht.

Verantwortlich für die Markierungen sind die tschechischen Naturfreundeverbände, und dem Wanderer wird auffallen, dass die Wege vorbildlich markiert sind. Allerdings sind die Wanderwege und ihre Markierungen aus einer von unseren Vorstellungen abweichenden Wanderphilosophie entstanden. Das heißt, die Markierungen sind auf Streckenwanderungen ausgelegt, also von einem Punkt A zu einem Punkt B, oft über viele Kilometer, die nicht immer in einer Tagestour zu bewältigen sind. Auch heute noch sind Gruppen- und Einzelwanderer auf diesen Routen unterwegs. Das einst sehr dichte und häufig frequentierte Netz öffentlicher Verkehrsmittel erlaubte die Rückkehr zum Ausgangspunkt meist ohne Probleme. In Deutschland ist das anders. Die öffentlichen Verkehrsmittel, ob Bus oder Bahn, sind weitgehend auf den Berufsverkehr ausgerichtet und längst nicht so engmaschig, dass von jedem Ort zu jedem anderen Ort eine Verbindung möglich wäre. Aus diesem Grunde sind aus deutscher Sicht Rundwanderwege gefragt. Außerdem sollen diese Rundwanderwege einen besonderen Erlebniswert haben, der sich nicht in dem Erlebnis der schönen Landschaft erschöpft, sondern auch darüber hinausgehende Sehenswürdigkeiten am Wegesrand finden lässt und möglicherweise auch eine Einkehr bietet. Diese typisch deutsche Gepflogenheit auf den Böhmerwald umzusetzen, ist nicht ganz einfach. Im grenznahen Bereich bietet sich aber der Vorteil, dass die Markierungen in der Regel erst nach 1991 entstanden sind, also vergleichsweise neu sind. Das Grenzgebiet war ja vorher nicht zugänglich. Freilich hat die anfängliche Euphorie in dieser Richtung etwas nachgelassen und manche der gut markierten Wege sind zugewachsen, oder sie wurden oder konnten aus finanziellen Gründen nicht instand gehalten werden. Die Situation ist besser im Bereich typischer tschechischer Fremdenverkehrsorte und schlechter, wo Urlauber aus dem eigenen Lande nicht so häufig hinkommen.

Neben den Grundmarkierungen gibt es noch Sondermarkierungen, z. B. zu Denkmälern oder Ruinen. Auch Naturlehrpfade haben besondere Kennzeichen. Andere Markierungen weisen Langlauf-Loipen aus, das Radsymbol kennzeichnet Radwanderwege. Es gibt sogar von deutscher Seite aus organisierte Radwanderungen unter dem Titel „Begegnung mit Böhmen", die in Zusammenarbeit mit dem Evangelischen Bildungswerk von Regensburg aus organisiert werden.

Die in diesem Buch vorgeschlagenen Wanderrouten sind fast ausschließlich Rundwege, wobei mehrere Markierungsfarben miteinander kombiniert werden mussten. Der Zugang zum Startpunkt für die Wanderung ist ausführlich beschrieben. Es ist auf jeden Fall ratsam, beim Wandern jeweils die nächste Markierung im Auge zu behalten und wenn längere Zeit keine Markierung zu finden ist, zur letzten Markierung zurückzugehen und neu zu suchen. Das grenznahe Wegenetz in den Forstgebieten des Böhmerwaldes ist insgesamt eher spärlich. Außerhalb beschränkt es sich auf wichtige Feldstraßen und Zu-fahrtswege, weil durch die Kolchosenwirtschaft die bei uns übliche landwirtschaftliche Parzellierung nicht existiert. Es ist also nicht zu empfehlen, markierte Routen zu verlassen, es sei denn, im Buch wird ausdrücklich darauf verwiesen und dies auch ausführlich beschrieben. Um einen Einblick zu geben, wie aus tschechischer Sicht Wander-wege und Markierungen beschrieben sind, geben wir hier einige Beispiele aus der Tauser und Neugedeiner Region. So führt die rote Markierung C1 von Česká Kubice (Böhmisch Kubitzen) durch Mlýnecek (Stallung) und Studánky (Kaltenbrunn) zum Wenzels-kirchlein in Brúdek (Fürthel) und vom Tal zwischen Brúdek und Hájek (Donau) zur Wallfahrtskirche St. Anna auf dem Tanaberk. Dann nach Nová Ves (Neudorf) und Chodská Lhota (Melruth) über Štefle (Steffelhof) in Richtung Orlovice (Silberberg) und schließlich nach Nýrsko (Neuern).

Die blaue Markierung M1 ist eine Verbindung zwischen Domažlice (Taus) nach Švihov (Schwihau). Beide Strecken Rot C1 und blau M1 sind jeweils 34 km lang. Natürlich gibt es Wandervorschläge aus tsche-chischer Sicht, die völlig anders gestaltet sind, als bei uns üblich. Hier-zu ein Beispiel aus dem Kartenführer „Böhmerwald" der Kartografia Praha:

Route Nr. 1 Klatovy (Klattau)

Klatovy – Tajanov (4 km) – Drslavice (3,5; 7,5 km) – Věckovice (1 = 8,5 km) – Plenn (2 = 10,5 km) – Pušperk (2,5 = 13 km) nach roter Mar-kierung, anschließend grüne Markierung Pušperk – Lučice (2,5 = 15,5 km) – Lázen rozc. (1 = 16,5 km). Nun weiter mit blauer Markierung Lázen rozc. – Hl. Wolfgang (0,2 = 16,7 km) – Chudenice (1,3 = 18 km).

Von Klatovy mit roter Markierung nach Sekrýt (5,5 km) – Komošinský hrádek (1,5 = 7 km) – Švihov (6,5 = 13,5 km). Dann mit der Bahn oder mit dem Zug nach Klatovy zurückfahren.

Rote Markierung: Klatovy – Věckovice (8,5 km) wie 1.1. Dann gelbe Markierung Věckovice – Rakom (2,5 = 11 km) – Slatina (3 = 14 km) – Chlumská (4,5 = 18 km). Weiter mit blauer Markierung Chlumská – Chudenice (6 = 24 km). Man kann mit dem Bus zurückfahren.

Grüne Markierung: Klatovy – Tajanov (4 km) – Tupadly (3 = 7 km)

Gelbe Markierung: Klatovy – Kydliny (7 km) – Barák (3,5 = 10,5 km) – Plánice (7 = 17,5 km). Auch hier kann man mit dem Bus nach Klatovy zurückfahren.

Landschaft und Geschichte des Böhmerwaldes

Das Motto des Böhmerwaldes, des Šumava, heißt: „Eine Landschaft, die verbindet". Nach der Öffnung der Grenzen in den Jahren nach 1990 wurden zahlreiche Grenzübergangsstellen für Wanderer und Radfahrer neu eingerichtet, der Schwarzenbergische Schwemmkanal wurde restauriert, Radrundwege und Skipisten geschaffen, Wanderwege neu markiert. Die Grenzregion auf tschechischer Seite war, was die Besiedlung betrifft, durch die Vertreibung der Deutschen ausgeblutet und mit der Einrichtung militärischer Sperrgebiete gewaltsam entsiedelt worden. 1993 wurde der Nationalpark Šumava gegründet. Dieser soll mit dem 1970 ins Leben gerufenen Nationalpark Bayerischer Wald zusammenwachsen. Die Grenzöffnung brachte im Böhmerwald eine Aufbruchstimmung. Es kam Leben in die angrenzenden Ortschaften, und die touristische Infrastruktur befindet nach wie vor im Ausbau.

Den Namen „Böhmerwald" gibt es seit über tausend Jahren. Er wird in einer Schenkungsurkunde im Jahre 1010 erwähnt, als König Heinrich II. dem Passauer Kloster in Niedernburg einen Teil des Gebietes übertrug. Hier ist von einem „silva quae vocatur Nortuualt" die Rede. Der Name soll von den Bojern stammen, einem keltischen Volksstamm, der hier bis zur Zeitenwende lebte. In einer Kaiserchronik aus dem 12. Jh., die sich auf ein Treffen bei Kulm bezieht, ist vom „beheime walt" die Rede. Die Slawenchronik des Arnold von Lübeck bringt einen Bericht, nachdem 1204 der Böhmenkönig Otakar I. vom Pfalzgrafen Otto von Wittelsbach in die Flucht geschlagen wurde, und hier heißt es: „persecutus est usque ad silvam quae Boemerwald dicitur". In alten Karten ist ebenfalls der Name „Böhmerwald" gebräuchlich, so in der Deutschlandkarte des Nikolaus Cusanus aus dem Jahre 1491. Das Grenzgebiet auf tschechischer Seite nördlich von Passau wird „silva de montes Bohemia" genannt. Eine Grenzkarte aus der Zeit um 1500 nennt das Gebiet „Bohemer Walt". Aventin, der von 1477 bis 1534 lebte und als Vater der bayerischen Geschichtsschreibung gilt, nahm in seine Landkarte „Ober- und Niederbayern" aus dem Jahre 1523 den „Behemisch Walt" nördlich der Donau mit dem Zusatz „hercynie et Boieme pars".

Was heute als Böhmerwald gilt und tschechisch „Šumava" heißt und „die Rauschende" bedeutet, ist ein 140 km langer Grenzstreifen, der noch zu sechzig Prozent von Wald bedeckt ist. Einst war es Mischwald mit zum Teil uralten Bäumen. Heute gibt es umfangreiche Fichtenforste, die zum Teil vom Borkenkäfer befallen sind. An unwegsamen Stellen wächst dichtes Unterholz, über Moosen und Gräsern findet man Farne, Sträucher und Stauden, in dichtem Gewirr dazwischen stehen gebliebenes Dürrholz, verfaulte Baumstümpfe und Wurzeln umgestürzter Bäume. Nach dem Zweiten Weltkrieg sind aus dem einstigen Weideland ausgedehnte Brachflächen entstanden, die steppenartigen Charakter haben, mit von Flugsamen geschaffenen Busch- und Baumgruppen.

Ein beträchtlicher Teil des Böhmerwaldes ist Moor, das bis in tausend Metern Höhe zu finden ist. Es handelt sich dabei oft um so genannte Filze, mit einer in Mitteleuropa einzigartigen Ausdehnung. Beide, Moore wie Filze, haben eine typische und eigene Vegetation wie Kiefern- und Birkenbewuchs, Wollgräser und Knabenkraut und viele seltene Pflanzenarten, wie die kniehohe Zwergbirke oder den Fleisch fressenden Sonnentau. Die Hochmoore entstanden durch die Ansammlung von Wasser in Felsenbecken, diese Senken füllten sich im Laufe der Zeit mit Humus. Die Flach- und Niedermoore werden von Grund- oder Flusswasser versorgt. Für die Menschen in früheren Jahrhunderten muss der undurchdringliche Forst, der vom Bayerischen- und Böhmerwald gebildet wurde, Angst einflößend gewesen sein. Heute, mit den noch vorhandenen Urwaldresten, ist er faszinierend und beeindruckend.

Wenn es im Kerngebiet des Böhmerwaldes auch keine Siedlungen gab bzw. diese erst spät entstanden sind, gab es von alters her doch zahlreiche Handelswege als Verkehrs- und Frachtverbindung zwischen Ost und West. Sie nutzten die sanften Übergänge des Nordkammes zwischen Eger und Freystadt für Transporte von Salz, Gold und anderen wertvollen Gütern. Auf dem Goldenen Steig zwischen Vilshofen und Kašperské Hory, zwischen Passau und Vimperk bzw. Prachatice zogen pro Woche bis zu 1200 Saumtiere, und an den Wegen haben sich nicht nur eindrucksvolle Städte wie Kašperské Hory,

Krummau, Budweis oder Freystadt entwickelt, sondern auch Grenzburgen zur Sicherung der Route. Ein buntes Mosaik von Dörfern entstand, teils zur Versorgung der Handelszüge. Handwerker ließen sich nieder, Umschlagplätze musste es geben und, weil Erz und Gold gefunden wurde, entstanden Hütten zur deren Verarbeitung.

Der Holzreichtum wurde auch zur Glasherstellung genutzt und Stauteiche und Flüsse waren Transportwege, auf welchen Städte wie Prag oder Wien mit Brennholz versorgt wurden. Das raue Klima ließ die Bäume langsam wachsen und das Holz wertvoll werden. So entstanden Werke, die Klangholz für Musikinstrumente produzierten. Um die Erschließung des Urwaldes machten sich die Klöster verdient, versehen mit königlichen und kaiserlichen Privilegien. Freibauern gab es als Grenzwächter hüben wie drüben. Die Choden und die künischen Bauern hatten für die Sicherheit der Handelswege und des Landes zu sorgen. In der urwüchsigen Landschaft entstanden Sagen und Legenden. Dichter nutzten die Schönheit des Landes, seine Geschichte und die Eigenart der Menschen für ihre schriftstellerischen Phantasien. Maler und Bildhauer waren aktiv. Es entstand eine eigene Tradition mit Brauchtum und auch mit kulinarischen Besonderheiten. Das böhmische Bier ist weltberühmt geworden. Heute hat der Böhmerwald einen Erlebniswert aus Kultur, Geschichte und Landschaft wie selten eine Region, und der beste Weg, sich persönlich dieses Land zu erschließen, ist das Wandern.

Weitwanderwege im Grenzbereich

Der Baierweg

Die stehende Raute ist das Markierungszeichen des Baierweges, der von Straubing oder Mariaposching an der Donau über St. Engelmar – Viechtach – Neukirchen b. Hl. Blut nach Kdyně (Neugedein) über Domažlice (Taus) und Babylon (Babilon) nach Furth im Wald verläuft und den Spuren historischer Erschließungs- und Handelswege folgt, die von der Donau über den Gebirgskamm des Bayerischen Waldes und des Böhmerwaldes verlaufen.

Es waren die Grafen von Bogen, die im 11. und 12. Jh. Besitzungen am Hohen Bogen erwarben und auch intensive wirtschaftliche und kulturelle Kontakte zum böhmischen Königshaus unterhielten. Die Grafen ließen, teilweise auf vorhandenen älteren Pfaden, Wege anlegen. Nach dem Aussterben des Geschlechtes aber blieb der Baierweg eine wichtige Verbindung im bayerisch-böhmischen Grenzgebiet. Die Raute als Symbol, das später auch für ganz Bayern eine Bedeutung erlangte, ist aus dem Wappen der Grafen von Bogen entnommen.

Unabhängig von der Variante, für die man sich entscheidet, kann man die 155 bzw. 150 km der Route in sieben Tagen durchwandern. Dazu gibt es auch präzise Vorschläge, die von den Fremdenverkehrsämtern ausgearbeitet worden sind.

Bei der ersten Variante startet man in Straubing an der Donau. Sie führt durch das Zentrum der Stadt zum Kloster Oberalteich. In Bogen lohnt ein Abstecher auf den Bogenberg mit der Wallfahrtskirche. Die nächste Station ist Windberg mit seinem Prämonstratenser-Kloster. Man passiert die Mühlhiasl-Mühle, wo der Waldprophet gelebt und sinniert haben soll. Au vor dem Wald mit dem ehemaligen Wasserschloss und Steinburg sind weitere Stationen. Schließlich erreicht man Neukirchen. Diese 24 bzw. 25 km lange Route kann in sechs Stunden bewältigt werden.

Der zweite Abschnitt führt von Neukirchen nach Kolmburg. Das sind 18 km und fünf Stunden Gehzeit. Die Strecke verläuft über Obermühlbach nach Reisach und stößt auf die Variante von Mariaposching. Wer von Mariaposching aus wandert, hat zunächst das in 13 km Entfernung liegende Schwarzach zum Ziel, das man in drei Stunden erreicht. Von Schwarzach geht es dann nach St. Englmar, bei Meinstorf stoßen die beiden Varianten des Baierweges zusammen.

St. Engelmar und Viechtach liegen 12 km auseinander. Es geht zunächst über die 903 m hohe Passhöhe des Predigtstuhles zum Weiler Baierweg. Hier steht ein altes Bauerndenkmal aus dem 19. Jh. In Kolmburg lohnt es sich, den alten Burgstall und den Burgturm, der eine großartige Aussicht bietet, zu besuchen. Auch die Stadt Viechtach ist es wert, durch einen Rundgang erschlossen zu werden.

Von Viechtach nach Kötzting sind es 13 km. Es geht über Buchberg, an der Satellitenstation Wettzell vorbei, zur Wallfahrtskirche Sackenried und zum Ludwigsberg mit dem Ludwigsturm. In Kötzting lohnt es sich, die alte Kirchenburg zu besichtigen.

27 km sind es von Kötzting nach Neukirchen b. Hl. Blut. Auf dem Weg kann man die tausendjährige Wolframslinde bei Ried bestaunen. Weitere Stationen sind Lichtenstein und Kettersdorf sowie Rimbach mit dem Schloss und Lichteneck mit der Burgruine. Bei Grafenried geht es zum Burgstall am Hohen Bogen über den Kamm des Gebirgszuges nach Neukirchen bei Hl. Blut. Sehenswert sind hier vor allem Wallfahrtskirche und Wallfahrtsmuseum.

Der Grenzübergang erfolgt auf der 25 km langen Route von Neukirchen nach Kdyně (Neugedein). Stationen sind Vorderbuchberg und Hofberg und schließlich der Grenzübergang Eschelkam–Neuaign–Všeruby (Neumark). Von hier wird die Barockkirche auf dem Tanaberk erreicht und über die Höhen geht es nach Kdyně.

Das längste Wegstück führt nach Babylon (Babilon). Zunächst aber wird Klatovy (Klattau) erreicht, dann Branišov (Branschau) und der Berg Koráb, wo ein Aussichtsturm und ein Berggasthof stehen. Interessant am Weg ist die mittelalterliche Burganlage Nový Herštejn (Neuherstein). Von der kleinen Ortschaft Podzámčí kann man einen Abstecher zur Burgruine Rýzmberk (Riesenberg) machen. Dann wird Domažlice (Taus) angesteuert. Es lohnt sich, diese kleine Stadt anzuschauen. Von hier geht es in Richtung Újezd (Aujestel) nach Trhanov, wo ein Chodenschloss steht. Der Weiterweg führt nach Babylon.

Die nächste Etappe ist nur 10 km lang und führt nach Furth im Wald, und zwar über den Grenzübergang Schafberg am Ortsrand von Folmava (Vollmau).

Weitere Weitwanderwege im Bereich Bayerischer Wald und Böhmerwald sind der **Böhmweg**, der 54 km lang ist und in vier Tagesetappen zwischen Deggendorf und Bayerisch Eisenstein bewältigt werden kann.

Der **Gunthersteig** ist 88 km lang und verläuft zwischen Niederalteich und Gsenget an der Grenze zum Böhmerwald.

Der **Goldene Steig** ist eine Verbindung, die von Passau aus in Richtung Böhmen verläuft. Es gibt mehrere Varianten, z. B. den Prachatitzer Weg über Röhrenbach und Bischofsreut nach Prachatitz (59 km). Der Winterberger Steig zieht von Röhrenbach über Philippsreuth nach Vimperk (27 km) und der Bergreichensteiner Weg von Röhrenbach nach Finsterau. Schließlich gibt es noch die **Guldenstrass** von Grafenau nach Waldhäuser (13 km).

Der **Pandurensteig** ist 31 km lang und verläuft von Waldmünchen nach Passau. Der **Gläserne Steig** verläuft über 96 km und lässt vom Lamer Winkel aus Grafenau erreichen. Auch zwei europäische Fernwanderwege durchziehen das Gebiet, und zwar der **Fernwanderweg E6** Ostsee–Wachau–Adria mit 136 km von Waldmünchen bis zum Dreisessel und der **Fernwanderweg E8** Nordsee–Rhein–Main–Donau–Karpaten mit insgesamt 217 Kilometern von Regensburg bis Oberkappel in Oberösterreich.

Der Böhmweg

Wie der Goldene Steig und der Baierweg führt auch der Böhmweg auf uralten Pfaden, wo es schon zur Keltenzeit ausgetretene Fußwege – durch den Nortwald – gab. Bis ins 18. Jh. maß man dieser Handelsroute große Bedeutung zu. Man hatte ihn mit Granitplatten befestigt, so dass er mit Planwagen befahren werden konnte. Man benutzte ihn wegen der Gefahren durch wilde Tiere und Wegelagerer in Kolonnen. Es waren Saumzüge der Handelsleute, die ganze Schiffsladungen beförderten. Handelsgüter waren Wein, Südfrüchte, Gewürze, Tabak, Seide, Farbe, Roheisen, Edelmetalle, aber auch und vor allem Salz aus Reichenhall. Im Gegenzug kamen aus Böhmen und dem Hinterland Hopfen, Honig, Mais, Wolle, Häute, Tuch und Braunkohle. Als man zu Beginn des 19. Jh. die Ruselstraße baute, verlor der Böhmweg seine Bedeutung, gewann sie aber wieder als Wanderweg der Gegenwart.

Die Route verläuft von Deggendorf über Maxhofen, Greising, Frohnreuth, Hermannsried, Bischofsmais, Schloßau, Weißenstein nach Regen. Eine Reihe von Sehenswürdigkeiten am Wege laden zur Besichtigung ein: die Saulochschlucht, die Josephbuche bei Oberfrohnreut, eine ehemalige Pferdestation in Hermannsried. Die St.-Hermannskirche – die älteste Wallfahrtstätte des Bayerischen Waldes – liegt ebenfalls am Weg, aber auch die Burg Weißenstein.

Ein zweiter Abschnitt, der von Regen aus verläuft, lässt über Rinchnachmündt und Schweinhütt Zwiesel erreichen. Es geht vorbei an den Glashütten Theresiental und Ludwigstal, vorbei auch am Zwieseler Waldhaus. Hier steht das älteste Gasthaus des Bayerischen Waldes. Am Ende der Ortschaft verlässt der historische Böhmweg seine alte Trasse in Richtung Ferdinandstal. Zusammen mit dem Europäischen Fernwanderweg E6 geht es nun zum Deffernik und über die Schafbergstraße zum Grenzübergang Bayerisch-Eisenstein. Auf böhmischer Seite verläuft der Weg weiter über Železná Ruda (Markt Eisenstein) nach Norden und schließlich ostwärts.

Der Goldene Steig

Der Goldene Steig beginnt in Passau und verläuft nordwärts, bis er sich bei Fürsteneck zum ersten Mal teilt. Die westliche Route endet in ihrer markierten Form zunächst bei Waldhäuser. Vom nach Nordosten verlaufenden Teil gibt es bei Röhrenbach eine Dreiteilung. Die linke Markierung endet bei Finsterau, die mittlere bei Vimperk (Winterberg) und die rechte bei Prachatice (Prachatitz). Es ist eigentlich ein ganzer Fächer von Wegen auf historischen Routen, die einst über Jahrhunderte wichtige Handelsverbindungen waren, um vor allem Salz ins Moldauland zu befördern und als Rückfracht Getreide, aber auch andere Lebensmittel zu bringen. Höhepunkte des Saumverkehrs auf diesen Routen waren das 13. und das 16. Jh. Der Salzhandel auf dem Goldenen Steig, also die Einfuhr des weißen Goldes aus dem Salzkammergut über Linz nach Budweis, wurde 1706 beendet. Das Wort „Saum" bedeutete übrigens „eine Pferdetraglast". Man findet heute noch manche Wegspuren aus der alten Zeit.

Die ursprüngliche Trasse des Goldenen Steiges verlief also aus der Bischofstadt Passau nach dem heutigen Altprachatitz. Weil sich der Verkehr ständig steigerte, waren weitere Trassen notwendig. So war Vimperk bereits Anfang des 14. Jh. Ziel eines Zweiges des Goldenen Steiges. Dieser Zweig wurde erstmals in einer Urkunde vom 9. Juli 1312 erwähnt. Damals empfingen die Herren von Winterberg, Bawor von Strakonitz und Heinrich von Luebelfingen, den Probst aus der Festung Oberhausen in Passau. Sie berieten darüber, wie sie gemeinsam die Sicherheit der Händler gewährleisten wollten, die von Passau aus nach Vimperk und zurück reisten. In einer Urkunde Karls IV. aus dem Jahre 1359 heißt dieser Weg „Salzsteig". Zum Schutz des Steiges wurde in der ersten Hälfte des 14. Jh. die Burg Kuschwarda am heutigen Grenzübergang Strážný errichtet. Dieser Steig überquerte die böhmische Grenze also bei Strážný und verlief über die späteren Siedlungen Obermoldau, Kubonhütten, Ernstberg und Salzweg nach

Vimperk. Haupthandelsartikel war zwar das Salz aus den alpinen Salzlagerstätten, aber man lieferte aus Passau auch kostbare Stoffe, Südfrüchte, Gewürze und Wein, und zurück brachte man hauptsächlich Getreide, Malz, Honig, Hopfen, Wolle, Leder, Bier und Rinder. Der 30-jährige Krieg und die Konkurrenz des bayerischen und österreichischen Salzes, das aus Linz nach Budweis gebracht wurde, verursachten dann den allmählichen Verfall des Handels auf dem Goldenen Steig. In den Jahren 1993 bis 1998 hat man im Rahmen eines umfangreichen wissenschaftlichen Projektes den Goldenen Steig, vor allem auch den Winterberger Zweig, untersucht.

Der Goldene Steig hat zwar seinen Namen nicht von dem Edelmetall Gold bekommen, aber an einigen Stellen am Wegrand fand man tatsächlich Gold. Man gewann die goldenen Metallblättchen durch Goldwäsche an Flüssen und Bachläufen. Der ausgegrabene goldführende Sand wurde am Rand der Flüsse abgelagert, wodurch so genannte Goldseifenhügel entstanden. Man findet sie entlang der Trassen des Goldenen Steiges, so auf dem Prachatitzer Zweig in der Umgebung von Wallern, zwischen dem Kaplitzbach und dem Goldberg, unterhalb von Kubany und auf dem Bergreichensteiner Zweig um Außergefild herum und nördlich davon.

Die einzelnen Zweige des Goldenen Steiges wurden durch Befestigungen gesichert. Es waren befestigte Städte wie Passau, Waldkirchen, Prachatitz und Vimperk, aber auch Steinburgen wie Wolfstein bei Freyung, Kaltenstein bei Röhrenbach, Karlsberg bei Kašperské Hory, kleine Wachtürme wie die Burg auf dem Tusseter Felsen, aber auch kurzfristig angelegte militärische Befestigungen wie die Wallernschanzen und die Schanzen bei Grainet. Auf dem Winterberger Zweig des Goldenen Steiges sind in Kriegszeiten bewaffnete Truppen gezogen, so in der ersten Hälfte des 15. Jh., als die Winterberger Kapliren von Sulewitz lange mit den Passauer Bischöfen kämpften. 1458 trieben sie von Waldkirchen die Brandschatzung ein, und das Passauer Heer zog als Vergeltung in böhmisches Gebiet und führte aus Obermoldau sechzig Stück Rindvieh fort. Während der Podiebarter Kriege brannten die Passauer 1468 Vimperk aus und plünderten in der Umgebung, während die Kapliren 1470 ein paar Dörfer in der Umgebung der Passauer Burg Wolfstein niederbrannten. Das hat sich ein paar Mal wiederholt.

Der Gunthersteig

Der heilige Gunther wurde wohl um das Jahr 955 in Thüringen als
Sohn eines Hochadligen geboren. 1006 trat er als Laienbruder in das
Kloster Niederalteich ein. Ein Einsiedlerleben auf dem Ranszinger
Berg bei Alling folgte. 1011 zog er tiefer in das Waldgebirge, das nur
durch einen nach Böhmen führenden Säumerweg, den heutigen
Böhmweg, erschlossen war. Im heutigen Rinchnach bei Regen grün-
dete Gunther eine Abtei. Sie war Ausgangspunkt einer sehr intensi-
ven Rodungstätigkeit. 1040 zog er sich dann noch tiefer in den Böh-
merwald zurück, zum heutigen Dobrá Voda (Gutwasser), wo er als
Einsiedler im Alter von 90 Jahren starb. Sein Markenzeichen, die Ro-
dungshacke, ist heute die Markierung des Gunthersteiges, der von
Niederalteich nach Dobrá Voda führt. Die Route verläuft aus dem
Donautal über Auerbach in den Lallinger Winkel, wo man bei zahlreichen Gelegenheiten an den Ortsgründer erinnert wird, u. a. durch die
Guntherfestspiele, die alle vier Jahre sein Leben in Szene setzen. Von
der Rinchnacher Klosterkirche führt der Weg vorbei an der Freilicht-
bühne in Gehmannsberg zur Wallfahrtskirche Frauenbrünnel, wo
Gunther eine Einsiedelei hatte, weiter nach Zwiesel und über das
Grenzgebirge nach Böhmen in den Nationalpark Šumava. Das Fe-
riendorf Prašily (Stubenbach) wird passiert, ehe man das Ziel Gutwasser erreicht. Eine Waldkapelle erinnert an seine letzte Ruhestätte.

Der Europäische Fernwanderweg E6

Dieser Fernwanderweg Ostsee–Wachau–Adria verläuft im Bayeri-
schen Wald in unmittelbarer Grenznähe von Waldmünchen bis zum
Dreisessel. Mit ihm werden alle bekannten Berggipfel des Bayeri-
schen Waldes, vom Hohen Bogen über Kaitersberg oder Osser zum
Arber und weiter durch den Nationalpark Bayerischer Wald über
Falkenstein, Rachel und Lusen bis schließlich zum Dreiländereck am
Dreisessel, erschlossen. Es sind überwiegend Steige auf der Route
Waldmünchen, Furth im Wald, Hohenbogen, Lam mit einer Variante
über Eck, Großer Arber, Falkenstein, über Schwellhäusel und Hans-
Watzlik-Hain, Großer Rachel über Buchenau und Oberfrauenau,
Lusen über Waldhäuser, Philipsreuth und schließlich zum Dreisessel,
wo sich ein Grenzübergang für Fußgänger anbietet.

Böhmerwald: Grenzlanddichter

Auf Waldschmidts Spuren

1832 wurde in Eschelkam Maximilian Schmidt, genannt „Wald-
schmidt", geboren. Er war zu seiner Zeit einer der meistgelesenen
Schriftsteller Deutschlands. Im Laufe seines 87 Jahre währenden
Lebens schrieb er etwa sechzig größere Volkserzählungen, mit denen
er nicht zuletzt den Bayerischen Wald, der damals das „bayerische
Sibirien" genannt wurde, für Fremde attraktiv machte. Zu seinen
Werken gehören überdies vierzig Humoresken und Skizzen, vierzig
Theaterstücke, ein Dialektgedichtband und zahllose Gelegenheits-
gedichte. Waldschmidt gilt auch als Vater der bayerischen Fremden-
verkehrsvereine und als Initiator des Oktoberfestzuges. Er hat näm-
lich 1890 den Landesverband zur Hebung des Fremdenverkehrs in
Bayern und 1895 den ersten Trachtenzug für das Oktoberfest organi-
siert. In einer Dauerausstellung im Gasthof „Zur Post" in Eschelkam
wird Leben und Werk des Dichters dargestellt. Auch mit seinem Na-
men gibt es einen Wanderweg. Er verläuft auf der so genannten Alten
Salzstraße, die Bayern mit Böhmen verband, durch die Ortschaft
Grossaign, der Markierung E3 folgend, entlang der großen Aigner
Einöden, durch die Ortschaft Schachten auf Neuaign zu, zum Schwir-
zer Denkmal. Dieses, in der Nähe des Grenzüberganges Neuaign–
Všeruby, erinnert an die Schmuggler oder Pascher, wie man sie im
Unteren Wald nannte. Die Schwirzer durchschritten bei Nacht und
Nebel unwegsames Gelände und Wald, um Salz und Süßstoff, Getrei-
de, Mehl, Kartoffeln, Fleisch, Tabak und Lebensmittel, ja sogar Pferde
und Ochsen zu schmuggeln. Der Grenzübergang Neuaign–Všeruby
(Neumarkt) wurde 1990 wieder eröffnet. Der Weiterweg verläuft
über die Chamb, ein Flüsslein, das in Všeruby entspringt und durch
das Stachesrieder Holz nach Seugenhof und Stachesried verläuft.
Der Rest des Weges führt auf der Gemeindeverbindungsstraße von
Stachesried durch Forchenberg zur kleinen Ortschaft Leming und
zurück nach Eschelkam.
Waldschmidt hat in seinen Erzählungen vor allem das bayerisch-böh-
mische Grenzland behandelt und dies am ausführlichsten in seinem
Kulturbild „Hancicka, das Chodenmädchen", das auch in tschechischer Sprache erschienen ist. Die Choden waren eine privilegierte

Bauerngruppe, die im 11. und 12. Jh. um das Gebiet von Taus im Böhmerwald als Grenzwächter angesiedelt wurde und sich durch ihre Traditionsverbundenheit, das Festhalten an Tracht, Sprache und Frömmigkeit, besonders auszeichnete. Waldschmidt berichtete in seiner Erzählung auch von der Chodentracht „*...das rosenrote kurze Röckchen, die grüngeblumte Schürze, die bauschigen, bis an die Ellenbogen reichenden weißen Pluderärmel, das hellseidene Brusttuch mit dem schwarzen gestickten Samtleibchen gefielen ihm gar zu gut. Um den Kopf hatte Hancicka ein schwarzes Tuch geschlungen, von welchem das eine der gestickten Enden vorne auf die Brust, das andere über den Rücken herabhing. Das schöne Chodenweib – die Mutter – trug ein weißes gesticktes, unter dem Kinn zusammengefaltetes, rückwärts im Dreieck hängendes Kopftuch, ein schwer seidenes Brusttuch, dunkelblauen, weit ausgeschnittenen Spenzer mit bunter Bordüre und Maschen, einen gefältelten Rock, eine gelb und rot gestreifte, seidene Schürze, rote Strümpfe und gestockte, weit ausgeschnittene Schuhe. Am Arm hatte sie einen mit vielen roten Mäschchen verzierten Reif aus Bast; Mutter und Tochter hielten ein gesticktes Taschentuch in der Hand.*“

Maximilian Waldschmidt ist zwar nicht der Urheber des bekannten Liedes „Tief drin im Böhmerwald“, doch darf er als dessen eigentlicher Entdecker angesehen werden. Dichter dieses Liedtextes ist der Glasmacher Andreas Hartauer aus Stachau gewesen, aber Maximilian Waldschmidt verwendete das „Böhmerwaldlied“ als Leitmotiv seiner Erzählung „Der Goldene Steig“ und sorgte damit für den Durchbruch und die weite Verbreitung des Liedes.

Adalbert Stifter

Der 1805 in Horní Planá geborene Adalbert Stifter gilt als der Böhmerwalddichter schlechthin. Das Elternhaus dokumentiert, in welch armen Verhältnissen der Sohn eines Leinenwebers und Flachshändlers aufwuchs. Im Rosenberger Gut in Lackenhäuser ist eine Adalbert-Stifter-Gedenkstätte eingerichtet. Sie zeigt das Umfeld, in dem sein historischer Böhmenroman „Witiko“ entstand. Eine Büste des Dichters befindet sich auch in der Walhalla bei Donaustauf. Eine der schönsten Böhmerwalderzählungen von Adalbert Stifter heißt „Der Hochwald“. Hier wird geschildert, wie zwei junge Frauen während des

30-jährigen Krieges in einer Hütte in der Urwaldeinsamkeit am Plöckensteinsee leben. Auf einem 220 m hohen Felsen über dem Plöckensteinsee wurde schon 1876 eine Gedenkstätte für Adalbert Stifter eingerichtet. Die Inschrift lautet: *„Lieg in hohes Gras gestrecket, schau sehnend nach der Felswand, auf diesem Anger, an diesem Wasser ist der Herzschlag des Waldes".* Der dunkle Plöckensteinsee war übrigens einer der liebsten Aufenthaltsorte des Dichters, der 1868 nach schwerer Erkrankung seinem Leben selbst ein Ende setzte. Der Plöckenstein ist ein dem Dreisessel benachbarter Grenzberg zwischen Böhmen und Österreich. Der Dichter schrieb: *„An sonnigen Tagen zeigt der Hinabblick in all das blaue Dämmern und Weben der hinuntersteigenden Wälder entgegen dem einfarbigen Himmelsblau etwas so zauberhaft düster Holdseliges, daß manche Gemüter davon mächtiger erfasst werden als von der Pracht des Blicks von den Sesseln aus."*

Andreas Hartauer

Andreas Hartauer kam 1839 in Stachy (Stauchau) zur Welt und verlebte seine Jugendjahre in der Nähe von Kvilda (Außergefild). Er war zunächst Glasmachergeselle in Lenora (Eleonorenhain). Er tauchte später in Nordböhmen auf, wo er weiter als Glasmacher tätig war und wo ihn wohl das Heimweh nach Böhmen plagte, denn er dichtete dort das Böhmerwaldlied: *„Tief drin im Böhmerwald, da ist mein Heimatort. Es ist gar lang schon her, daß ich von dort bin fort. Doch die Erinnerung, die bleibt mir stets gewiss, daß ich den Böhmerwald gar nie vergiß."*
Wenn auch Hartauer nie mehr in den Böhmerwald zurückkehrte, er verbrachte lange Jahre in St. Pölten als Inhaber eines Glas- und Porzellanwarengeschäftes, so lebt er dennoch in seinem Lied fort. Wer nach Lenora kommt, kann den Gedenkstein für Andreas Hartauer besichtigen. Es ist ein Obelisk aus dunklem Granit der 1937 auf die Initiative des Heimatkundlers Dr. Rudolf Kubitschek hin aufgestellt worden war. Eingemeißelt ist die Schrift: *„Dem Andenken des Glasmachers Andreas Hartauer, der der Welt das Lied ‚Tief drin im Böhmerwald' geschenkt hat."*

Auch **Johannes Urzidil** schrieb über den Böhmerwald. Sein Vater war Böhmerwäldler und die Mutter Jüdin. Der Sohn floh vor den Nationalsozialisten und engagierte sich im tschechischen Widerstand, aber er protestierte auch gegen die Vertreibung der Sudetendeutschen, wodurch er sich bei manchen Tschechen unbeliebt machte. In seinen Erinnerungen entstand die Situation eines idyllischen Waldbauernhofes, wie er sie selbst in den 20er Jahren erlebt hatte. Es ist die sozialpsychologische Geschichte der Entstehung eines Krieges im Kleinen. In seinem Erzählband „Die verlorene Geliebte" findet man die Dorfgeschichte „Wo das Tal endet": *„Einer hörte noch in der Ferne davon, wie die Gehöfte verfielen, die Schindeln und Schieferplatten sich lösten, die Fenster und Türen aus ihren Angeln brachen, der Sturm seine wüsten Tänze trieb mit dem verlassenen Gestühl und den zerbrochenen Geräten … Einer hörte noch davon, dass man irgendwo in einer angemaßten Behörde beschlossen hätte, die Wasser jener Täler, wo niemand mehr wohnte, aufzustauen und einen künstlichen See zu schaffen, in dessen Sintflut alles ertrinken sollte, Wege und Bäume, Häuser und Gründe, alles Getane und alles Erlittene".*

Friedrich Bernau hat 1887 ein Buch über den Böhmerwald herausgegeben. Er schreibt u. a.: *„In jenem herrlichen Gebirgskranze, den die Allmacht des Schöpfers um das gleich einem kostbaren Juwel im Herzen Europas ruhende Böhmen gelegt, überstrahlt eine herrliche Blume all ihre Genossinnen mit gar wunderbarer Pracht, wie diamantene Tautropfen auf den duftigen Blättchen glänzen ihre Seen aus den tiefen, dunklen Forsten hervor, von uralten Mythen der Vorzeit umrauscht, darin die einst gewaltigen Gottheiten der Urbewohner, die scheuen Waldnymphen und goldgewinnenden Zwerge in dem profanen Zeitalter einzig eine Zuflucht gefunden; wie mit Zaubergewalt winken uns die bläulichen Gipfel der Bergriesen fernher in den schattigen Schoß ihrer Wälder hinein, wo man so leicht auf die weltbewegenden Stürme, auf die heftigen Kämpfe der Gegenwart vergisst, deren Tosen dahin nicht zu drängen vermag. Der Böhmer Wald ist's, dieses riesenhaft schöne Gebilde …"*

1 Im Walddreieck von Eslarn, Eisendorf und Plöß

Eine lange Wanderung auf guten Wegen und ohne große Schwierigkeiten, die weitgehend durch lauschigen Wald führt. Es sind keine besonderen Steigungen zu bewältigen.

Anfahrtsorte: BRD: Eslarn / CZ: Železná
Ausgangspunkt: Železná, Pavillon am See
Länge: 18 km
Gehzeit: 5 Stunden
Anstieg: 250 m

Železná (Eisendorf) – Studánka – Železná hut' (Eisendorfhütte) – Závětří – Pleš (Plöß) – Friedrichshäng – Karlsbrücke – Wallenstein-Tillyweg – Železná

Von der Tillyschanze zum untergegangenen Glashüttendorf Plöß

Der Markt Eslarn ist ein hübscher – auf einer Anhöhe liegender – Ort. Im Ortszentrum befindet sich die barocke katholische Pfarrkirche, die wohl 1685 entstanden ist. Johann Kirchberger aus Neustadt an der Waldnaab war der Baumeister. Der Bau wurde nach einem Brand des Jahres 1895 nach Westen verlängert, der Turm ist erneuert worden, und im Inneren befinden sich hübsche Nebenaltäre aus der Zeit um 1700 mit Akanthusornamentik, die für den Barock der Oberpfalz charakteristisch ist. Die Kanzel und der Orgelprospekt stammen aus dem Rokoko, also aus der Zeit um 1760. Hübsch ist auch das Rathaus in der Nähe, ein Traufseitbau mit Steingewänden und Lisenengliederung aus der Zeit um das Ende des 19. Jh. Hier hat man wohl beim Bau ältere Teile einbezogen. Die Wappentafel trägt die Jahreszahl 1607. Am Tillyplatz befindet sich ein Kriegerdenkmal für die Gefallenen der Jahre 1866 und 1870, das 1914 eingeweiht wurde.

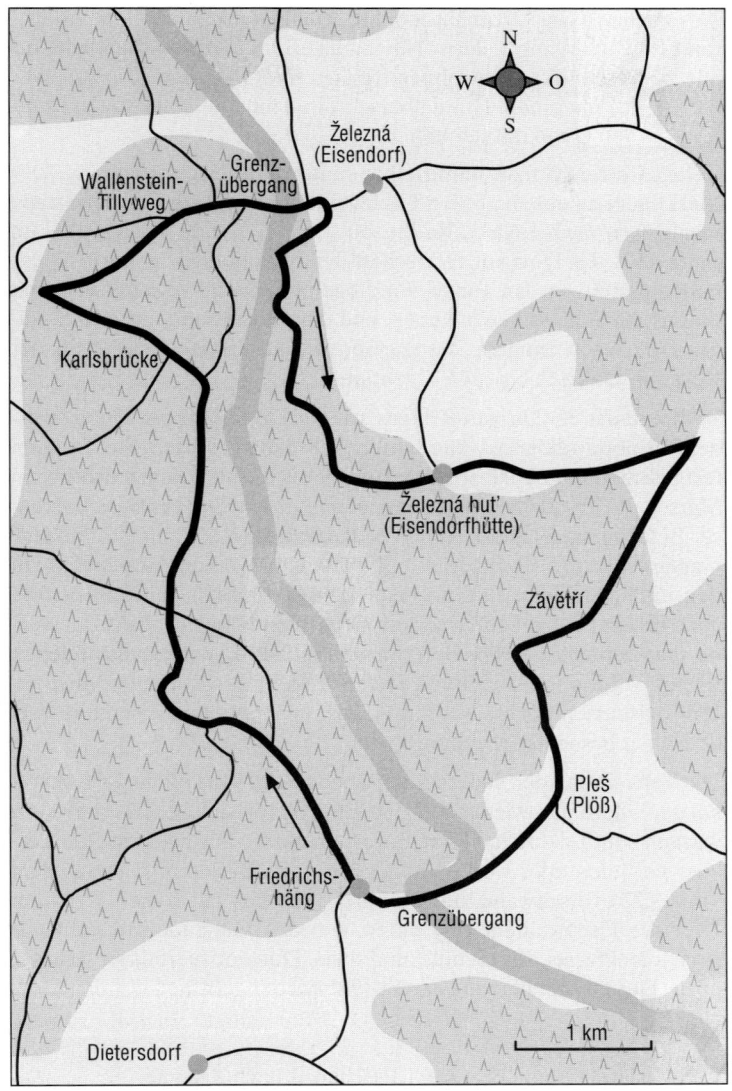

Ansonsten ist der Ort recht modern. Die Zufahrt zum 5 km entfernten Grenzübergang Eslarn–Tillyschanze ist für Auswärtige, also für alle Nicht-Landkreisbewohner freitags und sonntags gesperrt. Wer die Grenze mit einem Hund überschreiten möchte, sollte einen Impfpass für den Hund mitnehmen.

Železná erreicht man unmittelbar hinter dem Grenzübergang. Der Markt liegt an einem großen Fischweiher und entstand an der Straße von Eslarn nach Bělá n. Radbuzou. Eine Urkunde besagt, dass im Jahre 1591 das Dorf zur Herrschaft der Pfraunberger gehörte. Diese haben es 1601 an Jan Tomáš Waldfogel z. Lehemil verkauft. Der hat im Ort ein Schloss bauen lassen, und daraus entstand ein selbständiges Gut. Nach einigem Besitzerwechsel wurde das Geschlecht der Kotz von Dobrsch bis 1945 Eigentümer.

Während des 30-jährigen Krieges war das Dorf völlig entvölkert worden. In unmittelbarer Nähe hatten sich damals kaiserliche Truppen festgesetzt und Erdbefestigungen errichtet, die nach dem kaiserlichen Marschall Tilly „Tillyschanze" genannt wurden. Der zentrale Teil dieser Befestigung ist in der Nähe von Rozvadov (Rosshaupt) zu finden. Gegen Ende des 17. Jh. erlebte die Gemeinde einen Aufschwung. In den umliegenden Wäldern entstanden Glashütten, teilweise wurde auch Eisenerz abgebaut, was dem Ort seinen Namen gab. Markt wurde die Gemeinde 1905. Bei einem drei Jahre später entstandenen Brand wurden innerhalb von zwei Stunden 58 Anwesen vernichtet. 1930 existierten 174 Häuser mit 1138 Einwohnern und Eisendorf wurde ein gut besuchter Erholungsort.

Die Vertreibung der Sudetendeutschen nach 1945 ließ die Ortsbevölkerung allerdings wieder auf 250 Einwohner sinken. Die Anwesen wurden zum Teil für 200 Kronen verschleudert. Die meisten Gebäude aber verfielen oder wurden abgerissen. Die Barbarakirche aus dem Jahre 1770 verschwand, und selbst das Schloss mit seinem Park am Ufer des Fischweihers ging unter. Von den Gebäuden blieben nur noch die Pfarrei, die Schule und zwei Dutzend verfallene Häuser übrig. Der Grenzübergang ist seit 1991 wieder geöffnet.

Anfahrt

Über Eslarn, Grenzübergang Tillyschanze, nach Železná.

Wanderroute

Gleich nach dem **Grenzübergang Tillyschanze** halten wir uns bei einem Pavillon und den Resten eines Friedhofes rechts, in einen für den öffentlichen Verkehr gesperrten Weg zum See hinunter. Vor dem See geht es rechts ab und unweit des Ufers in südwestlicher Richtung auf einem befestigen Weg, der von Büschen und Bäumen gesäumt ist, weiter. Die *Markierung* ist ein *roter Balken*. Nach dem Ende des Sees folgen wir einem Bachtal, und nun geht es leicht bergauf, am Rande einer Waldinsel hoch, dann parallel zu den Grenzhöhen rechter Hand in südlicher Richtung weiter. Weideland umgibt uns mit Busch- und Baumgruppen. Nahe einem Jägerstand halten wir uns auf den Wald zu, in den wir südwärts hineingehen. Der Weg teilt sich. Wir folgen rechts der Markierung, erneut an einem Jägerstand vorbei. Rechts haben wir Aussicht auf die Waldhügel jenseits des Tales. Am Ende eines freien Hangstückes wandern wir aufwärts zu einer Dreieckskreuzung auf der Höhe. Es geht geradeaus weiter und nun eben im dichten Wald auf einem Hangweg. Nach links fällt das Land ab, aber die Markierungen verlieren sich. Im Linksbogen geht es abwärts, in einem Rechtsschwenk eben weiter, dann wieder im Linksbogen ab von der südlichen Richtung zu einer Lichtung hinaus und am rechten Rand auf einem befestigten Weg nach Osten.

Wir haben den Studánka Gipfel (599 m) zur Hälfte umrundet. Ein Wasserspeicher wird passiert. Wir kommen über einen Bach und an ein eingezäuntes Fabrikgelände. Es ist **Železná hut'**. Durch eine Lichtung wandern wir hinauf, der Wald umfängt uns. Noch einmal haben wir nach Norden eine weite Aussicht. Ein steiler Hangweg nimmt uns in Richtung Waldrand auf, wo wir weiterwandern. Von rechts kommt im spitzen Winkel eine *blaue Markierung*. Wir befinden uns 2 km von Karlova hut' (Karlbach) und in der Nähe des untergegangenen Ortes Walddorf. Bei einer Kreuzung finden wir einen Brunnen und gehen nun im spitzen Winkel rechts weg, der *blauen Markierung* nach. Ein Schild weist auf *Pleš (Plöß)*. Es sind noch 4 km. Wir kommen im Wald steil auf eine Anhöhe. Man sieht auf den Turm einer Grenzwarte. Wir steigen weiter hinauf und haben nun eine *grüne Markierung*. Abwärts geht es dann auf eine sumpfige Niederung zu, eine Stromleitung wird unterquert. Dann kommen wir über einen Bach, der Weg steigt wieder an und lässt uns einen quer verlaufenden Fahrweg, der befestigt ist, erreichen. Nun links steil hoch. Auf der Höhe verlassen wir den Waldbereich und kommen in ein weites Wiesen- und Weidegelände, das dicht mit Busch- und Baumgruppen durchsetzt ist. Wir sind im Bereich von **Pleš**.

Die Ortschaft Plöß

Plöß galt einst als eine der am meisten bevölkerten deutschen Ortschaften im böhmischen Grenzgebiet und gehört jetzt zum Landkreis Taus. Die Anfänge des Ortes sind mit einer Glashütte verbunden, die Paternosterkugeln herstellte. Das sind kleine Korallen, die man für die Produktion von Rosenkränzen benötigte. Die Glashütte war schon 1573 in Betrieb. Die erste Ortserwähnung geht auf 1606 zurück. 1684 hat man am höchsten Punkt über der Ortschaft eine Kapelle gebaut, die durch zahlreiche Umbauten zur Kirche und Johannes dem Täufer geweiht wurde. Diese Kirche ging aber bald wieder unter, und Ersatz bot eine hölzerne Kapelle auf dem Dorfplatz von Plöß. An ihrer Stelle hat man 1904 bis 1906 die Marienkirche im neugotischen Stil gebaut. Diese wurde 1945 abgerissen. Von den 105 Anwesen des Jahres 1930 gibt es heute auf dem Plößer Brachfeld nur noch zwei halb verfallene Gebäude. Hier befindet sich auch der Hain des legendären Schmugglers J. Zika, der 1951 in der Nähe erschossen wurde. Oberhalb des Dorfes kann man noch den verwilderten Friedhof besichtigen, der von ehemaligen Sudetendeutschen allmählich wieder hergerichtet wird. Auf dem Weg zu diesem Friedhof steht noch der Torso einer Nepomukstatue, die 1813 errichtet worden ist. Westlich des Ortes, auf dem Plößer Berg, soll einst eine Burg gestanden haben. Im Ortsbereich wächst übrigens Arnika. 1991 wurde zwischen Plöß und Friedrichshäng ein Grenzübergang für Wanderer geöffnet. Zuvor kann man in einem Gasthaus einkehren, das etwa hundert Meter links des Weges im Talgrund liegt.

Unser Weg führt zum Waldrand, ein Stück an der Grenze entlang, und dann, der Weiterweg ist halb zugeschüttet, auf einem Fußpfad über die Grenze zu den Friedrichshängen unter dem Eulenberg. Gleich nach der Grenze haben die Heimatvertriebenen ein Denkmal errichtet.

Wir wandern auf dem ersten Abzweig nach rechts weg in Richtung zum Aufstieg Eulenberg, halten uns dann aber geradeaus, der *Markierung roter Balken* nach, kommen durch ein Gehöft und durch eine Holzgasse. Bei der ersten Abzweigung geht es im Wald rechts hoch. Gleich danach biegt ein verwachsener, aber markierter Pfad ab. Er leitet auf einen Waldweg, dem wir nach rechts steil abwärts folgen. Es ist ein Hangweg, der vor einer Forststraße links steil in einen verwachsenen Waldweg hinunterführt. Man sieht durch die Bäume ein paar Häuser, und nahe dem Waldrand stoßen wir auf eine Forststraße. Hier gibt es einen Ausblick zum „Stückstein" jenseits des Tales. Nun halten wir uns auf der Forststraße geradeaus bis zu einer Dreieckkreuzung, bleiben geradeaus bis zu einem Querweg und folgen dem *Weg Nr. 22* rechts aufwärts nach Norden. Beim Revier „Fahrbach" erreichen wir eine Dreieckkreuzung. Wir nehmen die *rote Markierung*. Diese führt links über die **Karlsbrücke**, die über den Fahrbach leitet. Es ist der „Nutschweg". Über eine Anhöhe erreichen wir das Revier „Teufelstein" und gehen hinunter, vorbei an einem sumpfigen Teich und schließlich aufwärts zum Waldrand, wo wir auf einen Wanderparkplatz stoßen. Hier sind Bänke und Tische aufgestellt. Jetzt zweigen wir rechts ab, der *Markierung rotes Kreuz* und *weiße Muschel auf blauem Grund* nach. Es ist der **Wallenstein- oder Tillyweg**. An Lichtungen und sumpfigen Tümpeln vorbei führt der Weg steil bergab zum großen Parkplatz nahe dem Grenzübergang. Links können wir das Gasthaus an der **Tillyschanze** erreichen. Rechts geht es zurück zur Grenze.

Wanderkarte
Fritsch Wanderkarte Nr. 55 „Naturpark nördlicher Oberpfälzer Wald, Böhmerwald"

Weitere Auskünfte
Verkehrsamt Eslarn, Marktplatz 1, 92693 Eslarn

Weitere Wandervorschläge vom Grenzort Eslarn aus

Am Karlbach (16 km, 4 Stunden)
Bělá n. Radbuzou (Weißensulz) – Smolov (Schmolau) *grüne Markierung* – Karlova Hut' (Karlbach) – Nový Dvůr, *grüne Markierung* – Srnčí vrch – Obecní borek (Kirchenberg) – Bělá n. Radbuzou

2 Von Stockau auf den Hirschstein

Der markierte Weg verläuft durch eine urwüchsige Landschaft über steile Pfade, die nach längeren Regenfällen auch etwas schwierig zu gehen sind. Auch der Abstieg über den Ostgrat ist bis ins Tal hinunter etwas anstrengend. Die letzten 3 km Rückweg verlaufen auf einem befestigten Fahrweg.

Anfahrtsorte: BRD: Waldmünchen / CZ: Pívoň
Ausgangspunkt: Beim Gasthaus in Pívoň in Richtung Vranov
Länge: 9 km
Gehzeit: 3 Stunden
Anstieg: 370 m

Pívoň (Stockau) – Vranov (Frohnau) – Starý Herštejn (Hirschstein) – Liščí domky (Fuchsenhäuser) – Pívoň

Vom Stockauer Schloss zur Grenzburg auf dem Hirschstein

Die Handels- und Heerstraße von Waldmünchen nach Klenčí (Klentsch) war einst eine der wichtigsten Verbindungen zwischen Bayern und Böhmen. Auf ihr verkehrten die Postfahrer des Fürstenhauses Thurn und Taxis, aber auch Handelsreisende, Gewerbetreibende und natürlich Truppen der verschiedensten Nationen auf ihrem Weg von Ost nach West. Nicht zuletzt waren auch prominente Reisende wie beispielsweise der russische Zar Alexander oder der französische Dichter und Staatsmann Chateaubriand hier unterwegs. Der Grenzübergang zwischen Waldmünchen und Klenčí heißt „Höll". Er liegt auf der geographischen Achse Nürnberg–Prag und war direkte Verbindung von der mittleren Oberpfalz nach Westböhmen. Er wurde 1945 geschlossen und am 26. Januar 1990 zunächst für wenige Stunden, am 1. August desselben Jahres für Radfahrer und Fußgänger und am 1. November 1990 als Übergang auch für Kraftfahrzeuge geöffnet. Höll gehört zu Waldmünchen, das entweder durch Benediktiner von Chammünster oder Zisterziensern aus Walderbach gegründet wurde.

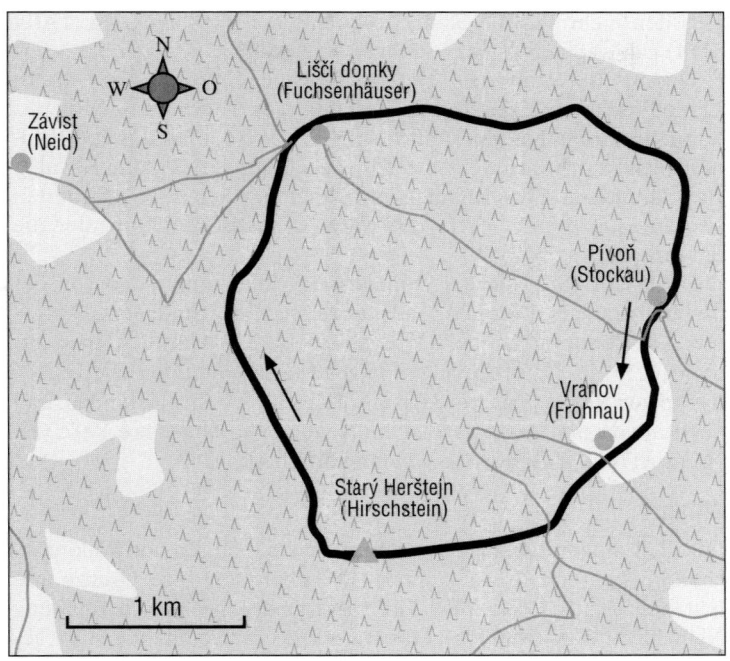

Vielleicht waren es durch Hunnen im Jahre 910 versprengte Mönche.
Als Stadt wird Waldmünchen erstmals 1270 bezeichnet. Das alte
Pflegerschloss soll um das Jahr 1000 entstanden sein. In jedem Fall
gehörte die Gegend um Waldmünchen seit dem Jahre 788 zum Herr-
schaftsgebiet des Nordgaus und wurde 1072 der Markgrafschaft
Cham zugeteilt. Danach fiel die Markgrafschaft an die bayerischen
Herzöge. Vasallen der Herzöge von Bayern waren die Schwarzenbur-
ger. Unter ihnen entwickelte sich der Ort zur Stadt, wobei die alte
Handelsstraße über den Arnstein eine entscheidende Rolle spielte.
1283 gehörte die Herrschaft Schwarzenburg den niederbayerischen
Herzögen. Im 30-jährigen Krieg kam sie zur Oberpfalz und ist seit
mehr als 350 Jahren bayerisch.
Kriegerische Auseinandersetzungen fügten der Stadt großen Schaden
zu. 1266 verwüsteten die Böhmen den Ort. 1418–1434 belagerten die

Hussiten mehrmals die Stadt. Im Spanischen Erbfolgekrieg (1701–1714) gab es einen Aufstand junger Waldmünchner gegen die österreichische Besatzung. Im Österreichischen Erbfolgekrieg war es Franz Freiherr von der Trenck, der die Stadt mehrmals heimsuchte. Seit 1950 wird daher das Freilichtspiel „Trenck der Pandur vor Waldmünchen" aufgeführt. 1778 marschierten fünftausend Mann Kavallerie und Infanterie von Böhmen nach Waldmünchen. 1796 quartierten sich die Franzosen hier ein. 1799 waren es russische Regimenter, die durchzogen.

Die Altstadt wird von der Böhmerstraße durchquert und von der Stephanstraße und der Oberen Bräuhausstraße in Stadtviertel aufgeteilt. Die Stadtpfarrkirche St. Stephan in der Kirchstraße stammt aus dem 16./17. Jh. Das ehemalige Pflegerschloss, eine Dreiflügelanlage, das später Bezirksamt wurde, ist im Kern im 15. Jh. entstanden, und das Rathaus am Marktplatz ist ein Neubau aus dem Jahre 1907, von Heinrich Neu in neubarocker Manier errichtet.

Anfahrt

Für die Einheimischen ist es ganz einfach. Sie fahren von Waldmünchen in Richtung Gosselhammer-Höll, überqueren die Grenze und halten sich gleich nach dem Grenzübergang links weg in Richtung Nemanice (Wassersuppen). Das war einst ein bedeutender Ort, gegründet in einem Kessel, der nach Bayern hin offen und von Böhmen durch den Bergrücken Haltrava getrennt ist. Die Besiedlung begann vor 1591 von Taus aus. Im 17. Jh. arbeitete hier eine Glashütte. Ursprünglich gehörte das Dorf zur Pfarrei Klenčí (Klentsch). Die Nepomukkirche stammt aus den Jahren 1781/84. Mit einer Renovierung wurde 1991 begonnen. In diesem Ort verzweigt sich die Straße. Der östliche Zweig führt nach Nová hut' (Friedrichshütten), der nördliche Zweig nach Novosídelské hutě (Neubauhütten), und wer nach Pívoň will, benutzt den westlichen Zweig über Novosedly (Neubau). Dieses Sträßchen schwenkt nach Norden, verzweigt im Wald, und wenn man den rechten Zweig, der weiter nördlich führt, benutzt, erreicht man nach einem Schwenk in nordöstliche Richtung Kaplička (Kapellen). Hier geht es in nördlicher Richtung zu einer Dreieckkreuzung, dann in einem Rechtsschwenk ostwärts nach Vranov (Frohnau) und nördlich weiter nach Pívoň (Stockau). Das ist ein Schleichweg.

Die reguläre Zufahrt verläuft von der Grenze aus in östlicher Richtung durch das Černá Řeka (Sofienthal), weiter über Klenčí (Klentsch) und Postřekov (Possigkau), Novýkramolín (Neugramatien) und Poběžovice, von wo es einen Abzweig nach Pívoň gibt.

Wanderroute

In Pívoň gibt es ein Schloss, die Reste eines ehemaligen Augustinerklosters. Der Sage nach wurde das Kloster zur Erinnerung an den Sieg des Fürsten Břetislav I. über ein deutsches Heer im Jahre 1040 gegründet. 1147–1149 sollen in die Gegend von Pívoň Mönche des Wilhelmitenordens gedrungen sein, deren Heimatkloster das bayerische Schönthal war. Die Mönche lebten in den Wäldern als Einsiedler. Nachweislich wurde hier erst nach 1220 das erste Augustinerkloster gegründet. Solange es bestand, besaß es sieben bis zwölf Dörfer, die im Gebiet zwischen Postřekov und Stockau lagen. 1421 wurde das Kloster zusammen mit der Burg auf dem Hirschstein von den Hussiten erobert und eingeäschert. Das Kloster wurde wieder aufgebaut. Die Klosteruntertanen, meist Protestanten, wollten auf dem Klostergut keine Frondienste leisten. Es gab immer wieder Streitereien, wobei 1606 der Prior Malesius in der Klosteranlage erschossen wurde. Drangsal und Plünderungen wiederholten sich. 1787 aber wurde das Kloster von Kaiser Joseph II. aufgehoben. Man baute es zu einer Wohnanlage um. 1953 brannte die Klosterkirche nieder. Inzwischen hat man mit der Sanierung begonnen.

Wir starten also beim Gasthaus in **Pívoň**, wo es „Pilsner Urquell" gibt, in *Richtung Vranov*. Es geht am Feuerwehrhaus und einem Bushäuschen vorbei, der *Markierung grüner Balken* nach.

In **Vranov** passieren wir eine Kapelle. Sie steht am Dorfplatz und wurde 1990/91 renoviert. Vom Dorf aus hat man Aussicht auf das Stockauer Tal und den Lysá hora (Lissaberg). Am Ortsende zeigt die Markierung bei einer Dreieckkreuzung zunächst nach links. Es geht dann aber nach rechts in einen verwachsenen Weg zwischen Büschen hoch. Über hundert Höhenmeter werden auf diesem Hohlweg im Niederwald überwunden, ehe wir eine quer verlaufende Fahrstraße erreichen. Hier ist auch eine Sitzgruppe angebracht. Es heißt hier in 756 m **Vranovské sedlo**. Hier treffen wir auf eine *rote Markierung*. Wir wandern über die Forststraße hinweg in südwestlicher Richtung weiter. Nach einem Forstgarten geht es links in ein verwachsenes Gebiet, dann durch lichten Hochwald südwestlich aufwärts zu einer Anhöhe, von hier westlich bergab und nochmals hinauf an den Fuß des Gipfelaufbaues vom **Starý Herštejn**. Noch einmal erfolgt ein Steilanstieg durch felsiges Gelände bis zur **Burgruine**, wo ein turmartiger Aufbau noch vorhanden ist.

Die Burgruine auf dem Hirschstein

Die Befestigung wurde zum Schutz eines der Verzweigungen des so genannten Regensburger Handelsweges errichtet. Die Bezeichnung leitet sich vom deutschen „Hirsch" ab, tschechisch „Jelen". Die ersten schriftlichen Erwähnungen der Burg gehen auf die Zeit der Kämpfe König Přemysl Otakars II. gegen Bayern zurück. 1266 ließ dieser die damals schon existierende Burg umbauen. Die Burg kann auf eine sehr wechselhafte Geschichte zurückblicken. Der erste Herr der Burg wurde 1272 Ritter Protivec. 1331 hat der böhmische König Johann von Luxemburg Hirschstein an den Prager Bischof verkauft. 1421 haben Hussiten die Burg und das Stockauer Kloster erobert. Sie ließen hier siebzehn gefangene Personen verbrennen. 1437 wurde die Burg Starý Herštejn genannt, im Gegensatz zu Nový Herštejn bei Kdyně (Neugedein). Im 15. Jh. war die Burg Zufluchtsort einer Räuberbande, die 1510 ausgeräuchert worden ist. Im 17. Jh. war die Umgebung der Burg Ziel italienischer Edelsteinsucher. Die Ruine schützen heute noch zwei terrassenförmige Gräben, ergänzt durch Wälle. Von der Burg aus bietet sich ein prächtiger Rundblick auf die böhmische und bayerische Seite des Grenzwaldes. Die unterhalb gelegene hölzerne Unterkunft erinnert an die Grenzsoldaten, die noch vor kurzem vom Hirschsteiner Wachturm aus die Landesgrenze beobachtet haben.

Vom Burgberg geht es wieder hinunter und dann der *roten Markierung* und der *Beschilderung Liščí domky* nach. Wir folgen dem Nordrücken des Hirschsteinmassivs durch lichten Hochwald und kommen zu einem quer verlaufenden Weg, dem wir nach rechts folgen, also geradeaus in nord-nordwestlicher Richtung und bergab. Nach einer Lichtung erreichen wir einen Forstweg. Hier sind Schilder angebracht. Die Stelle heißt **Herštejnské Chalupy** (745 m). Wir halten uns rechts in Richtung Liščí domky. In dieser Richtung geht es auch nach Rybnik (5 km) und nach Zeležná Ruda (21,5 km). Der *grünen* und der *roten Markierung* folgen wir also ins Tal bis Liščí domky. Im Tal erreichen wir eine Fahrstraße und eine Sitzgruppe. Die *gelbe Markierung* leitet nach rechts in Richtung Pívoň (3 km). Bei **Liščí domky** sind wir in 570 m Höhe. Ein Stück geht es nach Nordosten und schließlich der Hangstraße nach. Der bequemere Weg folgt dem Fahrweg.

Man kann aber auch nach wenigen Metern rechts abzweigen, der *gelben Markierung* nach über den **Lysá**, eine Anhöhe, die 870 m hoch ist, also fast so hoch wie der Hirschstein. Gegen Waldende sieht man links einen Sportplatz und rechts eine Gruppe von Ferienhäusern sowie das Gasthaus „Oáza". Der Blick über das Land wird frei. Der Fahrweg macht einen starken Rechtsbogen. Wir wandern in südlicher Richtung, vorbei an einem verwahrlosten Friedhof, und biegen rechts in die Vorfahrtsstraße, an der wieder die *gelbe Markierung* sichtbar wird. In der Talsenke sehen wir ein paar Häuser mit einem Teich. Unser Weg schwenkt nach rechts hoch zur *grünen Markierung* und zum Ausgangspunkt in **Pívoň**.

Wanderkarte

Fritsch Wanderkarte Nr. 55 „Naturpark nördlicher Oberpfälzer Wald, Böhmerwald"

Fritsch Wanderkarte Nr. 56 „Naturpark Oberer Bayerischer Wald, Böhmerwald"

Weitere Auskünfte:

Verkehrsamt Waldmünchen, Marktplatz 16, 93449 Waldmünchen

3 Im alten Chodenland

Diese Wanderung verläuft in ihrem ersten Teil auf guten und aussichts-reichen Wegen und im zweiten Teil über abenteuerliche Waldpfade auf vergleichsweise stattlicher Höhe zu einem Berggasthof. Der Abstieg von hier ist steil.

Anfahrtsorte: BRD: Waldmünchen / CZ: Trhanov
Ausgangspunkt: Beim Schloss von Trhanov
Länge: 14 km
Gehzeit: 4 Stunden
Anstieg: 200 m

Trhanov (Chodenschloß) – Chodov (Meigelshof) – Klenčí (Klentsch) – Dobrá Voda (Gutwasser) – Hrádek – Trhanov

Vom Chodenschloss zum Chodenmarkt

Wo heute das Dorf mit Schloss 6 km südwestlich von Taus an der Ei-senbahnlinie Taus–Ronsberg zu finden ist, stand 1621 nur die Trhano-ver Mühle. Fünfzig Jahre später hat Wolf Maximilian Lamingen, der wegen seiner Streitigkeiten mit den Choden den Spitznamen „Lomi-kar" trug, die Grundstücke in der Umgebung erworben. Er ließ dann ein Schloss errichten und der Name „Chodenschloß" war auch die deutsche Bezeichnung des Dorfes, das seit Beginn des 18. Jh. in der Nähe des Adelssitzes entstand. Die Streitigkeiten zwischen Lomikar und den Choden gingen in die literarische Geschichte ein. Dem ster-benden Lomikar soll im Schloss das Gespenst des Jan Sladký Kozina erschienen sein, des Anführers der Choden, den Lomikar 1695 hin-richten ließ. Später wurde das Schloss unter den Grafen Stadion im Empirestil umgebaut und ist heute Bildergalerie des Malers J. Spillar, der als Maler des Chodenlandes gilt. Zum Schloss gehört die 1810 erbaute Nepomukkirche. An der Straße zum Bahnhof steht eine kleine Kapelle. Über dem Dorf ist die Martersäule „Das bayerische Marterl des Lomikar" von 1680 aufgestellt.

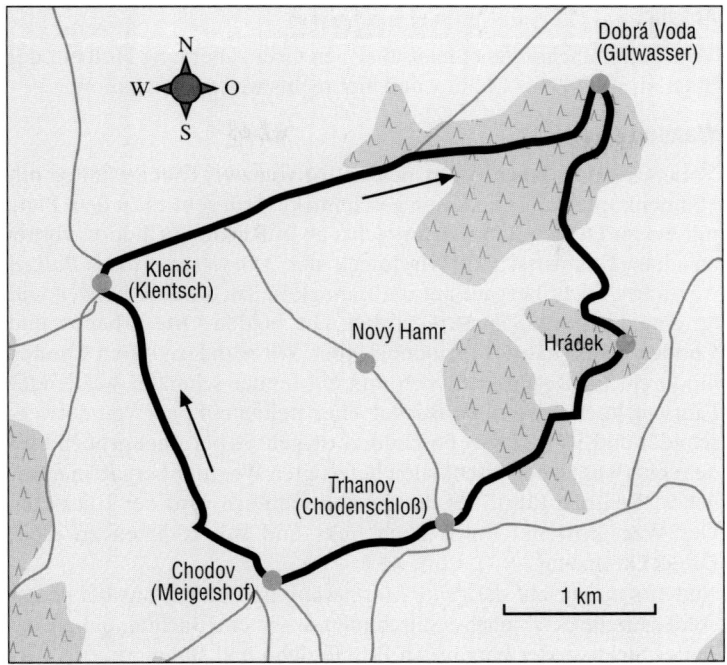

Die Straße nach Klenčí führt durch eine Lindenallee, die auch nach Lomikar benannt ist. Das benachbarte Chodov liegt am Fuße des Výhledy, eines Aussichtsbergs. Dieses Chodendorf wurde 1325 erstmals erwähnt. Die Bezeichnung „Meigelshof" entstand wohl aus dem Spitznamen „Mucker" (Aufmucker) mit Hinblick auf den Besitzer des Chodenschlosses. Noch sind Chodenhäuser im Dorf zu sehen. Auf dem Dorfplatz steht eine Kapelle mit einem Glockenturm aus der 2. Hälfte des 18. Jh. und es gibt hier zwei Sühnekreuze. Das erste heißt „Kreuz des Schmieds Kobes" und stammt aus dem Jahre 1674. Das zweite Kreuz beim Husdenkmal bezeichnet angeblich die Stelle für die Gräber russischer Krieger des Generals Suvorov. Der Sage nach stand das alte Chodov auf einer Anhöhe westlich an einer Stelle, die heute Kosteliště heißt. Am Weg nach Pec sieht man ein Stück des böhmischen Quarzwalles.

Anfahrt

Von Waldmünchen fährt man über den Grenzübergang Höll auf der Staatsstraße 189 bis Chodov und hier rechts weg nach Trhanov.

Wanderroute

Vom Schloss in **Trhanov** aus, dessen Tor von zwei Fabelgestalten mit Hahnenköpfen aus Gusseisen geschmückt wird, geht es zu dem Platz mit einem Denkmal und dann rechts ab in Richtung Chodov, vorbei an einer Gastwirtschaft. Wir folgen der *Markierung roter Balken* westwärts, leicht bergauf auf die Bahngleise zu, darüber hinweg und an einem großen Sägewerk vorbei. Die beiden Orte Trhanov und Chodov gehen nahtlos ineinander über. Wir wandern durch **Chodov** hindurch. Im Bogen zieht sich nun ein immer schmaler werdender Fahrweg hoch über einen Buckel. Hier stehen ein paar Wanderwegschilder und, wo Výhledy beschildert ist, geht es bei einer großen Linde rechts weg in einen schmalen befestigten Weg, der bergab in nördlicher Richtung führt. Bei den letzten Häusern wird der Blick frei. Der Weg schwenkt etwas nach links und wir kommen zu einer Dreieckkreuzung.

Nun stoßen wir auf die *gelbe Markierung* und halten uns bei einem Feldkreuz links. Zunächst durchqueren wir ein Bachtal, gehen bei weiter Sicht wieder bergauf an Buschreihen und Baumgruppen vorbei. Es ist ein hübsches Land mit Hügeln und sanften Hängen und einem Fischweiher im Tal, der Mejkosovec heißt. Wir sehen auch bereits **Klenčí** und den Friedhof am Südhang des Ortes. Entlang einer Pappelreihe steigt der Weg stetig an. Es geht am Friedhof vorbei über eine Anhöhe und zu einer Stoppstraße, geradeaus darüber und an der Kirche vorbei hinunter zur Fahrstraße, die den Ort von Südwest nach Nordost durchquert. Nun geht es rechts weiter, am Krankenhaus vorbei, wieder zur Bahnlinie, die wir schon zwischen Trhanov und Chodov überquert haben. Wir verlassen Klenčí, kommen an einer Tankstelle vorbei und wandern hinunter in den Talboden. Nach einer Brücke geht es wieder etwas bergauf, und bei einer Kuppe halten wir uns rechts in den *blau markierten Weg*. Der Waldweg zieht leicht hoch und kommt zu einem Forstweg. Wir gehen geradeaus weiter und bei einer Dreieckkreuzung links ab. Wo ein undeutlicher Weg abzweigt, halten wir uns rechts aufwärts, dann nach einer Wegeinmündung geradeaus. Wir bleiben im lichten Hochwald bis zu einem Feldstreifen, der von links an den Weg heranreicht. Wir haben eine weite Aussicht über die Hügel und die Täler und sehen einen Weiher. Bei einer Dreieckkreuzung halten wir uns geradeaus weiter, und im Rechtsknick des Weges kommen wir durch eine Bachsenke und dann leicht hinauf zu der Kapelle **Dobrá Voda**.

Es ist ein hübscher viereckiger Bau und der jüngste Wallfahrtsort des Gebietes von Taus, nicht weit von Draženov. Die Kapelle entstand bei einem Brunnen, dessen Heilwasser angeblich Gesundheit brachte. Als Erster soll der Reisende Ötilinger von Ždanov hier gesund geworden sein. Er ließ an dieser Stelle ein hölzernes Kreuz errichten. Um 1800 hat dann die Gemeinde Draženov eine kleine hölzerne Kapelle gebaut, die 1882 bis 1883 durch einen gemauerten Bau ersetzt wurde. Weil diese Kapelle die Flut der Pilger bald nicht mehr fassen konnte, hat man 1898 den Grundstein zu einem neuen, größeren Bau gelegt. Das Hauptaltarbild der hilfreichen Muttergottes hat Jaroslav Špillar gemalt, der seine Ausstellung im Chodenschloss Trhanov hat. Das Bild der chodischen Madonna wurde zu einem gesuchten Thema der Farbbilddrucker.

Bei der Kapelle sind Wegweiser angebracht. Sogar einen IVW-Rundwanderweg aus dem Jahre 1991 gibt es hier (IVW ist eine internationale Volksmarschbewegung). Zum Hrádek sind es noch 2,5 km. Wir halten uns südwärts. Wo sich der Weg dreiteilt, gehen wir in den rechten Abzweig. Es ist ein Pfad, der in einen Waldweg mündet. Bei einer Verzweigung folgen wir nach rechts einem grasigen Weg, der leicht hochzieht und nach rechts schwenkt. Hier halten wir uns geradeaus und, wo ein Pfad aus unserem Waldweg wird, gehen wir rechts und aufwärts. Der Wald ist sehr licht. Unter der Hügelkuppe knickt der Weg nach rechts ab und erreicht eine Dreieckkreuzung. Hier halten wir uns links und kommen über den höchsten Punkt einer Anhöhe, die man zusammen mit der folgenden Anhöhe schon von weitem als Doppelhöcker gesehen hat. Über den Grat erreichen wir den Waldrand und gehen übers Feld zum nächsten Wald und zum nächsten Hügel. Rechts sieht man im Tal Domažlice liegen. Großartig ist die Aussicht. Nun folgen wir zunächst dem Waldrand in südöstlicher Richtung, haben nochmals einen Rückblick über das wunderschöne weitläufige Land, und wo der Feldweg links wegführt, wandern wir rechts in den Wald hinein. Es ist *gelb markiert*. Nach dem Waldstück folgen wir einer Buschreihe am Feldrand und am Hang, also unter dem Grat, auf ein weiteres Waldstück zu. Hier heißt es aufpassen. Gleich nach dem Waldrand zweigt links ein Weg hoch, der steil innerhalb des Waldrandes verläuft und uns am Feldrand einen Zaun erreichen lässt.

Ein Gebäude wird passiert und wir kommen zu einer Sitzgruppe. Wir sind auf dem **Hrádek**. Hier steht auf dem höchsten Punkt ein Denkmal. Der Gipfel des Hrádek erinnert an ein Arboretum. Hier wachsen die verschiedensten Baumarten – Linden, Rotfichten, Blautannen und exotische Koniferen und Buschwerk. Unterhalb, am Fuße des Denkmales, gibt es ein Gasthaus.

Der Weiterweg führt über eine *rote Markierung* Richtung Süden. Ein verwachsener Pfad leitet durch Buschwerk und Stauden, lässt uns die Auffahrtsstraße überqueren. Zunächst steil, dann bequemer wandern wir südwestlich hinunter. Ein zweites Mal wird die Auffahrtsstraße überquert. Durch Buschwald kommen wir zu einem Querpfad. Es geht rechts weiter, ein Waldweg wird daraus. Der Wald tritt zurück, wir folgen einer Allee am Hang, erreichen im Waldbereich eine Dreieckkreuzung, gehen links hinunter und zum Waldrand hinaus in eine Wiese, über eine Bachbrücke, zwischen Häusern zur Schlossparkmauer, hier rechts hoch zur Straße und links zurück zum Ausgangspunkt.

Wanderkarte
Fritsch Wanderkarte Nr. 56 „Naturpark Oberer Bayerischer Wald, Böhmerwald"

Weitere Auskünfte
Okresní úřad Domažlice, Paroubkova 228, CZ 34401 Domažlice
Club tschechischer Touristen KČT, Mánosova 512,
CZ 34401 Domažlice

Das Chodenland

Das Fürstengeschlecht der Přemysliden hat um 1040 die Choden mit der Bewachung der böhmisch-bayerischen Grenze beauftragt. „Chodit" heißt „gehen". Die Choden waren ein slawischer Stamm und haben sich bis heute ein eigenes Brauchtum und einen eigenen Dialekt erhalten. Die Einwohner von elf historischen Gemeinden zwischen Postřekov bis Pocínovice haben für ihre Wächterdienste eine Reihe von Privilegien erhalten, die zum ersten Mal von König Johann Luxemburg 1322 bestätigt worden sind. Als man die Privilegien im 17. Jh. einschränken wollte, kam es zu einem Aufstand. Der Führer der Meuterer, Sladký, genannt „Kozina", wurde hingerichtet. Ein Denkmal kann man oberhalb der Gemeinde Újezd auf dem Hügel Hrádek bewundern. In der Chodengemeinde Újezd ist das Gehöft von Kozina erhalten geblieben. Im Gehöft befindet sich eine Gedenkstätte.

Die Frauen des Chodenlandes tragen heute noch gelegentlich Volkstracht: einen Rock aus bedrucktem Kattun, eine Schürze, eine Bluse, ein Kopftuch, rote Strümpfe. Die Männer musizieren mit Dudelsack, Geige und Klarinette. Berühmt ist die chodische Keramik vor allem aus Klenčí. Dieser Ort wurde 1325 gegründet und ist Geburtsort der Schriftstellers Jindřich Šimon Baar. In Klenčí gibt es das Baar-Museum und zwei Kilometer südlich steht das von Ladislav Šaloun geschaffene Denkmal des Schriftstellers Baar.

Die Hauptstadt des Chodenlandes ist Domažlice. Eindrucksvoll im historischen Altstadtkern ist der 59 m hohe gotische Stadtturm. Reizvoll sind die Laubengänge beiderseits des Ringplatzes, herrlich die Bürgerhäuser aus Gotik, Renaissance und Barock. In der ehemaligen Königsburg aus dem 13. Jh. ist das Chodenmuseum untergebracht. Das Wappen der Stadt zeigt einen schwarzen Hundekopf. Die Grenzwächter wurden seinerzeit von großen scharfen Hunden begleitet und so nennt man die Choden auch „Hundsköpfe".

Zu den chodischen Ortschaften gehört auch Chudenice aus dem 13. Jh. Hier in der Kirche befindet sich die spätgotische Arche von Chudenice. Das Schloss im Ort beherbergt Sammlungen aus der Geschichte des Gebietes. Der Dichter, Dramatiker und Regisseur Kvapil wurde hier geboren. Am Rande liegt der Empireschlosspark.

Einen Kilometer südlich der Ortschaft steht der Aussichtsturm Bolfánek. Es ist der Turm der einstigen St. Wolfgangskirche. Hier gibt es ein Arboretum, den so genannten Park Americká Zahrada, in dem kostbare exotische Gewächse angepflanzt sind, sämtlich nordamerikanischen Ursprungs. Unweit des Ortes liegt auch das Naturschutzgebiet „Chudenická Bazantince".

Eine ursprünglich privilegierte Chodengemeinde war auch Draženov. Erhalten gebliebene Chodengehöfte befinden sich auf dem Dorfanger. In der Chodenortschaft Postřekov werden Produkte der Volkskunst hergestellt. Der Chodenort Trhanov hat ein Barockschloss aus dem Jahre 1677, das Anfang des 19. Jh. im Empirestil umgebaut wurde. Das Schloss war Sitz des unrühmlich bekannten „Lomikar", der den Führer des Chodenaufstandes Jan Sladký-Kozina 1695 hatte hinrichten lassen.

Der Hrádek gilt als beliebter Aussichtsberg über Klenči.

4 Auf den Höhen über Klenčí

Diese vergleichsweise kurze Wanderung verläuft auf guten, aussichtsreichen Wegen mit relativ geringen Höhenunterschieden.

Anfahrtsorte: BRD: Waldkirchen / CZ: Dily
Ausgangspunkt: Restaurant „Tyrolka" in Dily
Länge: 10 km
Gehzeit: 3 Stunden
Anstieg: 100 m

Dily (Neu-Possigkau) – Mlýnec (Linz) – Postřekov (Possigkau) – Klenčí (Klentsch) – Dily

Am Fuß von Sadek und Sadková skála

Klenčí pod. Čerchovem am Čerchov ist ein Markt im Herzen des Chodenlandes, 8 km westlich von Domažlice. Die malerische Siedlung war einst eines der privilegierten Chodendörfer und erscheint in Urkunden erstmals 1325. Sie bewachte einen wichtigen Handelsweg, der durch die Grenzwälder nach Bayern führte. Die Freiherren von Lamingen haben 1630 Klenčí samt den umliegenden Chodendörfern erworben. Wolf Maximilian Lamingen hat 1680 Klenčí auch Wappen und Marktprivileg verliehen. Bis ins 18. und 19. Jh. lebte der Ort von den Säumerzügen auf der Handelsstraße, und später war Klenčí ein beliebter Ausflugsort. Zu den großen Söhnen des Ortes gehörten der Schriftsteller J. S. Baar (1869–1925), der Komponist J. Jendrich (1875–1967) und J. Vrba (1889–1961).
Die ersten Nachrichten von der Kirche in Klenčí stammen aus dem Jahre 1481. 1734 hat man die neue Kirche St. Martin gebaut. Unter dem Presbyterium ist die Gruft der Herren von Stadion und des W. M. Lamingen (Lomikar). In der alten Post befindet sich noch die Zollstation und ein Ausflugsgasthaus. Schon 1546 verlief die erste regelmäßige Postverbindung über Klenčí. Am Postgebäude ist auch eine Tafel zur Erinnerung an den russischen General A. V. Suvorov angebracht,

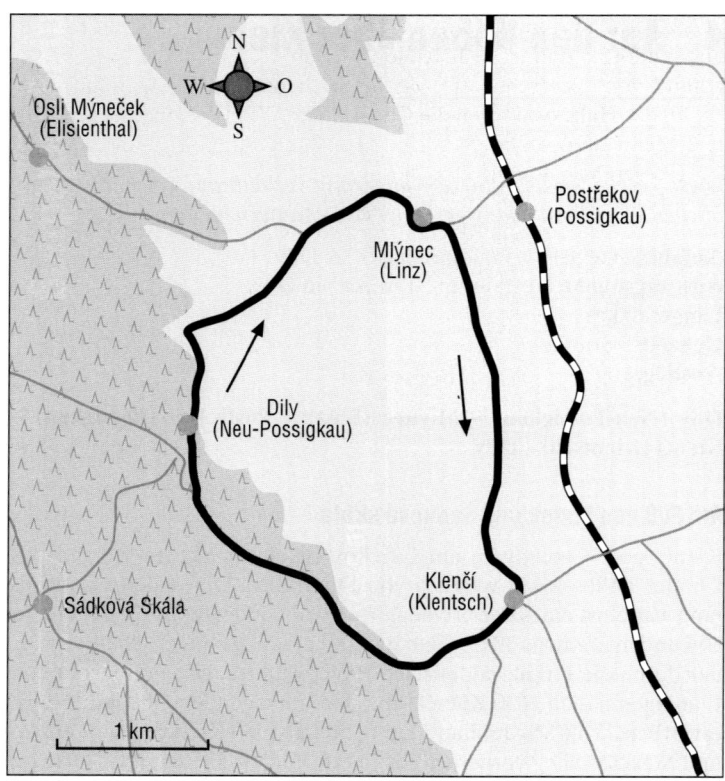

da 1799 russische Truppen durchzogen. Dily, der Ausgangsort unserer Wanderung, war ursprünglich ein Holzfällerdorf und wurde 1788 gegründet. Erst 1952 hat man den Ort in Dily (Parzellen) umbenannt. Die Kapelle am Dorfplatz stammt aus dem Jahr 1947. Großartig ist der Rundblick ins Chodenland von hier aus. Zwischen Dily und Postřekov liegt Mlýnec (Linz), das erstmals 1379 erwähnt ist. Die Bewohner waren Untertanen der Pivoňer, also des Stockauer Klosters und der Herrschaft von Poběžovice (Ronsperg). Von Postřekov ist Mlýnec nur durch den Linzer Bach getrennt. Vor dem Zweiten Weltkrieg verlief hier die Sprachgrenze zwischen den deutschen und tschechischen Einwohnern. Postřekov war das volkreichste der Chodendörfer und ist in Urkunden schon 1325 erwähnt. Der Name stammt von „postřehovati", das heißt „beobachten", denn auf dem Gipfel des Haltrava hatten die Choden ihre Wachstation. Der Ort war auch Zentrum des Widerstandes gegen die Obrigkeit, nämlich gegen die Herren von Lamingen. Diese hatten 150 chodische Bauern in Klenčí eingesperrt. Sie wurden 1629 befreit.

Das Kirchlein auf dem Dorfplatz entstand am Ende des 19. Jh. Das Altarbild stammt von J. Spillar. Erhalten ist noch ein Chodenhaus und am Dorfplatz steht die bekannte Gaststätte „U Hadamú" (Zu den Adams). Es ist auf Spillars Bild „Chodenhochzeit" zu sehen. Nach alter Chodentradition werden hier noch Kirchweih, Fasching und Erntedankfest gefeiert. Hier wird auch noch der Chodendialekt gesprochen.

Anfahrt

Von Waldmünchen geht es über den Grenzübergang Höll und auf der Staatsstraße 189 nach Klenčí.

Wanderroute

Vom Restaurant „Tyrolka" in **Dily** geht es in nördlicher Richtung steil bergab. Beschildert ist *Postřekov (3,5 km)* und die *Markierung* ist *gelb*. Von der Hangstraße hat man eine weite Aussicht über das sanft hügelige Land. Am linken Hang ist der Wald ganz nah. Der Weg macht einen starken Rechtsbogen, schwenkt wieder links in eine Serpentine und verlässt dann steil den Waldrand. Wir wandern vorbei an einem kleinen Weiher und nun nordostwärts. Auf der linken Seite fließt ein kleines Bächlein. Der Weg ist von Büschen und Bäumen gesäumt und, wo er einen Linksknick macht, kommen mehrere Rinnsale zusammen, unter anderem der Mlýneský potok (Linzer Bach).

Der Wald ist zurückgewichen, rechts verläuft eine Pappelreihe, und dahinter gibt es Felder. Wir wandern durch eine Parklandschaft, kommen zu den Häusern von **Mlýnec** und **Postřekov**. Im Ort geht es bergab. Die Giebel des Straßendorfes sind meist einstöckig und der Straße zu gerichtet. Im Talboden macht der Fahrweg einen starken Rechtsknick und schwenkt dann wieder leicht bergauf nach links. Mächtige Linden säumen die Straße. Wir kommen zur Kirche und zur bekannten Gastwirtschaft. Nach dem Feuerwehrhaus geht es im rechten Winkel rechts ab und beim Kriegerdenkmal bergauf. Auf der linken Seite breitet sich ein Feld aus. Es ist ein Hangweg, und wir kommen im weitem Schwung ins Tal hinunter. Hier gibt es eine Reihe von Teichen und Bachläufen zu sehen, und links parallel verläuft die Bahnlinie.

Vor Klenčí, das wir bereits von weitem sehen, zieht der Weg etwas bergab und dann wieder hoch und nahe der Kuppe steil hinunter zwischen Bäumen und Büschen, durch eine Art Hohlweg. Vorbei geht es an einem Hotel, Pappelreihen stehen parallel zum Weg. Wir erreichen das Städtchen **Klenčí**, gehen bergauf zum Kirchplatz, folgen der *blauen Markierung* nach rechts, bergauf und aus dem Ort hinaus zum Waldrand. Büsche und Bäume säumen den Weg, und noch einmal haben wir weite Ausblicke ins Land. Dann geht es in den Wald hinein und bergauf im Rechtsbogen zurück nach **Dily**.

Wanderkarte
Fritsch Wanderkarte Nr. 56 „Naturpark Oberer Bayerischer Wald, Böhmerwald"

Weitere Auskünfte
Okresní úřad Domažlice, Paroubkova 228, CZ 34401 Domažlice
Club tschechischer Touristen KČT, Mánosova 512,
CZ 34401 Domažlice

5 Über Domažlice zu den Chodendörfern

Diese Rundwanderung kann bei jeder Witterung und zu jeder Jahreszeit gemacht werden. Ein wenig Schwierigkeiten bereitet nur der Abstieg vom Schlachtendenkmal über Luženičky hinunter.

Anfahrtsorte: BRD: Furth im Wald / CZ: Domažlice
Ausgangspunkt: Marienkirche am Hauptplatz von Domažlice
Länge: 15 km
Gehzeit: 4 Stunden
Anstieg: 100 m

Domažlice (Taus) – Újezd – Draženov (Drasenau) – Luženice – Luženičky – U baldovské kaple – Domažlice

Vom Baierweg zum Gedenkort aus dem Jahre 1520

Bereits im 9. Jh. hat sich am Handelsweg von Regensburg nach Böhmen eine Ansiedlung um die fürstliche Zollstation Domažlice entwickelt. Es gibt aus dieser Zeit keine Urkunden, aber unter den Grundmauern der Jacobskirche hat man Mauerwerk einer Kapelle aus dem 10. Jh. gefunden. Der böhmische König Přemysl Otakar II. hat 1270 auf einer Anhöhe oberhalb der alten Marktstätte eine befestigte Stadt gegründet. Es entstand dort auch eine Burg als Sitz des königlichen Burggrafen. Im 14. Jh. wurde das Augustinerkloster in Domažlice zu einem Kulturzentrum. Durch die Hussitenkriege stockte der Aufschwung der Stadt. Es war im Jahre 1431, als die Hussiten auf die Teilnehmer des fünften Kreuzzuges trafen und sie in einer Schlacht besiegten. Das geschah am Baldov nordöstlich von Luženičky.
Danach festigte sich das kulturelle und wirtschaftliche Leben der Stadt wieder, und Domažlice war im 16. Jh. Zentrum humanistischer Bildung und Wissenschaften. Am Ende des 16. Jh. hat man der Stadt die Chodendörfer zum Lehen gegeben und man begann mit der Kolo-

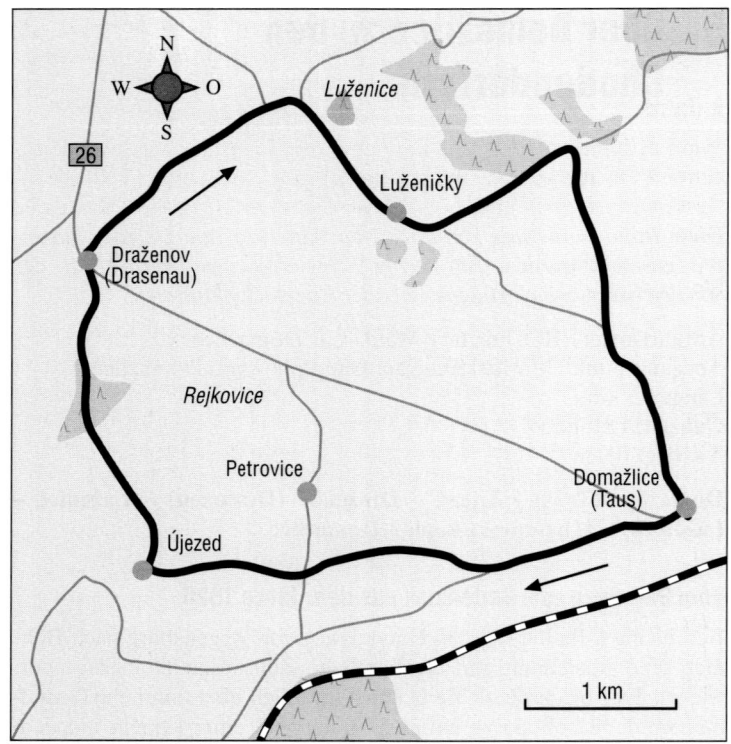

nisierung des Grenzwaldes. Neue Dörfer entstanden. Eine Katastrophe für Domažlice war der Aufstand der böhmischen Stände im Jahre 1620. Die Stadt verlor ihr gesamtes Eigentum, und am Ende des 30-jährigen Krieges betrug die Zahl der Einwohner nur noch ein Sechstel im Vergleich zur Vorkriegszeit. Von diesem Aderlass konnte sich Domažlice nicht mehr erholen.

Heute ist Domažlice Kreisstadt in einem Gebiet, das schon zur mittleren Bronzezeit besiedelt war. Hier war das Zentrum der Milavčer Kultur. Im Dorf Milavče liegt nämlich das größte Grabhügelfeld aus dieser Zeit. Die bekannteste und umfangreichste Burganlage aus der slawischen Besiedlungszeit ist Tasnovice (Taschlowitz) mit einer ursprünglichen romanischen Kirche des heiligen Laurentius auf einem Hügel bei den Gemeinden Štítary (Schüttarschen) und Tasnovice.

Anfahrt

Von Furth im Wald fährt man in nördliche Richtung auf der B 20 bis zum Grenzübergang Zollhaus, weiter über Folmava (Vollmau) – Česká Kubice (Böhmisch Kubitzen) – Babylon (Babilon) – Havlovice – Domažlice.

Wanderroute

Wir starten bei der Marienkirche in **Domažlice**, gehen westwärts über die *Msgre. b. staška* in die *Kozinova* und folgen der *Markierung stehende blaue Raute* des *Baierweges.* Wir kommen über eine Bachbrücke und wandern vor der nächsten Brücke rechts weg, am Bach entlang, also zwischen zwei Bachläufen in nordwestliche Richtung. Der Weg schwenkt dann nach Westen in Richtung Újezd. Es ist eine Einbahnstraße und eine Allee mit zusätzlicher *roter Markierung.* Rechter Hand baut sich ein kleiner Damm auf, der mit Büschen besetzt ist, links verläuft noch das Bachtal. Wir kommen zu einer Kreuzung.

Das Chodendorf Újezd

Újezd ist das bekannteste der Chodendörfer und Geburtsort des legendären Jan Sladký Kozina (1652–1695). In einer Urkunde ist der Ort 1325 erstmals erwähnt. 1693 wurde Újezd von den Dragonern und Musketieren des Bezirkshauptmanns Friedrich Horas von Ocelovice besetzt. Die Bauern flohen in die Wälder und schlossen sich den Aufständischen der umliegenden Chodendörfer an. Der Anstifter der Bauernrebellion war der Richter Kryštof Hrubý. Er starb 1695 in einem Prager Kerker. Die Ortschaft gruppiert sich um einen länglichen Dorfplatz. Am unteren Teil steht der Hof von Kozina. Ein Teil des Anwesens ist seit 1948 als Gedenkzimmer und Ausstellung eingerichtet. Zu besichtigen ist auch eine alte Chodenstube. Auf dem Hrádek hat man dem Kozina ein Denkmal errichtet. Unter den 20.000 Besuchern bei der Einweihung (1895) befand sich auch Alois Jirásek, der den historischen Roman „Hundsköpfe“ geschrieben hat und zur Popularisierung des Chodenlandes beitrug.

Wir zweigen also vor Újezd rechts ab, verlassen den *Baierweg* und folgen einem Sträßchen in nördlicher Richtung nach **Draženov,** ein Chodendorf mit einem kreisförmigen Dorfplatz und einem kleinen Teich. Neben der Gaststätte „Draženovská rychta" stehen die Häuser des Gutes U Podestátú. Hier war ursprünglich das Gemeindehaus. An einem Balken des Nachbarhauses ist die Jahreszahl 1735 angebracht. Das gotische Portal des Gutes geht auf das 15. Jh. zurück. Im unteren Teil des Dorfes ist eine Gedenktafel des Richters Hrubý angebracht, der ein Genosse Kozinas war und 1695 in der Haft verstarb.

Wir halten uns rechts an der Kapelle mit dem Zwiebeltürmchen vorbei bergauf und verlassen den Ort in nordöstlicher Richtung, entlang der *gelben Markierung*. Unser Weg ist von Obstbäumen gesäumt, und wir haben einen schönen Ausblick. Im Rechtsbogen erreichen wir die kleine Ortschaft **Luženice**, die in einer Talmulde zwischen Bäumen liegt. Der Weiterweg verläuft im Rechtsschwenk in südöstlicher Richtung über eine Bachbrücke nach **Luženičky** hinein. An der Kirche vorbei geht es im Linksbogen bergauf aus dem Ort. Die *Markierung* ist noch *gelb* und eine Lindenallee hat uns aufgenommen. Steil aufwärts halten wir uns auf den Waldrand zu.

Hier haben wir einen weiten Blick ins Tal von Domažlice und auf die gegenüberliegenden Waldhügel. Linkerhand ist ein Funkturm zu sehen, ein Stahlgerüst. Hier steht auch eine Kapelle, Bänke sind davor angebracht und ein Denkmal erinnert an die Hussitenschlacht vom 14. August 1431. Wir gehen genau nach Süden hinunter, an einer Buschreihe entlang, einem Graben folgend, zum Fahrsträßchen Luženičky–Domažlice, das wir oberhalb des U tří vrb, also des Fischteiches in 461 m Höhe, erreichen. Über die Benešova kommen wir zurück zum Ausgangspunkt in **Domažlice**.

Wanderkarte
Fritsch Wanderkarte Nr. 56 „Naturpark Oberer Bayerischer Wald, Böhmerwald"

Weitere Auskünfte
Okresní úřad Domažlice, Paroubkova 228, CZ 34401 Domažlice
Club tschechischer Touristen KČT, Mánosova 512,
CZ 34401 Domažlice

6 Zur heiligen Vavřinec

*Der Grat, der das untere und das obere Chodenland voneinander
trennt, ist ein beliebter Ausflugsort. Es führt ein bequemer Weg hinauf
und auch der Weiterweg ist angenehm und zu jeder Jahreszeit zu gehen.*

Anfahrtsorte: BRD: Furth im Wald / CZ: Domažlice
Ausgangspunkt: Zentrum von Domažlice
Länge: 9 km
Gehzeit: 2,5 Stunden
Anstieg: 80 m

**Domažlice (Taus) – Marienplatz – sv. Anna (St. Anna-Kapelle) –
sv. Vavřinec (St. Laurentius-Kapelle) – Boučkova skála – Stráž –
Domažlice**

Die Highlights von Domažlice

Das tausendjährige Domažlice ist als Zollstation am Kreuzungspunkt
uralter Handelswege entstanden. Einer dieser Wege führte von Re-
gensburg über Waldmünchen und Domažlice ins Landesinnere und
zwar über Cham, Furth im Wald oder Eschlkam in Richtung Böhmen.
Eine direkte Verbindung bestand zwischen Furth im Wald und
Domažlice, diese war vor allem im Mittelalter stark frequentiert.
Unter König Otakar II. wurde eine befestigte Stadt in der Nähe der
Handelssiedlung ausgebaut, gesichert durch Mauern und zwei Dut-
zend halbwalzenförmige Tore mit Türmen und mächtigen Gräben.
Heute ist wenig davon übrig geblieben, aber es lohnt sich, bei einem
Rundgang zu erkunden, was an Sehenswertem geblieben ist. Noch
gut erhalten ist das untere Tor, auch „Pragertor" genannt, als Teil der
Stadtbefestigung. Im Herzen der Stadt steht die Dekanatskirche
Mariä Geburt. Das frühgotische Portal stammt aus dem 13. Jh. Was
aber in der Stadt am meisten auffällt, ist der walzenförmige Turm auf
dem Stadtplatz von Domažlice, den man für einen Kirchturm halten

könnte und der wohl auch Bestandteil einer frühgotischen Kirche war. Die heutige Form ist um 1545 entstanden. Von diesem so genannten schiefen Turm von Domažlice bietet sich ein großartiger Ausblick über die Stadt und auf die Umgebung. Der Turm ist übrigens von der senkrechten Achse her um etwa sechzig Zentimeter geneigt. In den Abendstunden erklingt der Gesang des Nachtwächters: *„Es preise jede Seele Gottvater, Sohn und heiligen Geist. Geschlagen hat die zwölfte Stunde des Herrn. Bewahret das Licht, das Feuer, dass niemandem ein Schaden gebricht, ruhet im Gott dem Herrn, gegrüßet seist du Maria".*

Zu den Sehenswürdigkeiten gehört auch das Augustinerkloster. Es wurde 1287 von König Wenzel II. gegründet. Nach den Zerstörungen der Hussitenkriege und anderer kriegerischer Ereignisse kamen die Augustiner 1620 wieder in die Stadt. Sie begannen aber erst 1671 mit dem Bau des neuen Konvents. Domažlice hatte bis in die Mitte des 16. Jh. zwei selbständige Pfarreien, die Stadtpfarrei und die untere Pfarrei „Zu den Heiligen". Die Kirche „Zu den Heiligen" ist das einzige Gotteshaus der unteren Pfarrei und bis heute erhalten. Erhalten ist auch der Friedhof und die Kapelle St. Jan Nepomuk in der Vorstadt. Das Entstehen beider geht ins 15. Jh. zurück. Neben diesen öffentlichen Gebäuden gibt es in Domažlice noch über zweihundert historische Häuser. Die Mehrzahl befindet sich am Stadtplatz, zum Teil noch aus dem Mittelalter, oft umgebaut bis in die Zeit der Renaissance. Interessant ist die Wallfahrtskirche „Svatý Vavřinec", also St. Laurentius auf der Laurentihöhe, die einen schönen Ausblick auf das Chodenland und Domažlice bietet. Auf die Idee, über der Stadt eine Kapelle zu bauen, kamen die damaligen Stadtväter nach dem Brand im Jahre 1683. 1685 ist dann mit dem Bau begonnen worden. Als die Bürger jedoch kaum geneigt waren, sich finanziell und tatkräftig am Bau zu beteiligen, nahm sich die Frau des Seifensieders, Zuzana Veselá, der Sache an. Daher heißt die Anhöhe auch „Veselá hora". 1695 konnte man dann am 10. August die Kapelle einweihen, 1761 musste sie wegen Baufälligkeit wieder gesperrt werden. Anstelle der leeren Kapelle entstand 1769 ein neues Gotteshaus. Dreizehn Jahre später hat man es im Rahmen einer öffentlichen Versteigerung verkauft. Käufer war der Priester Jakub Ledvina, der diesen Besitz nach seinem Tod der Stadt vermachte, allerdings unter der Bedingung, dass die Kirche nicht abge-

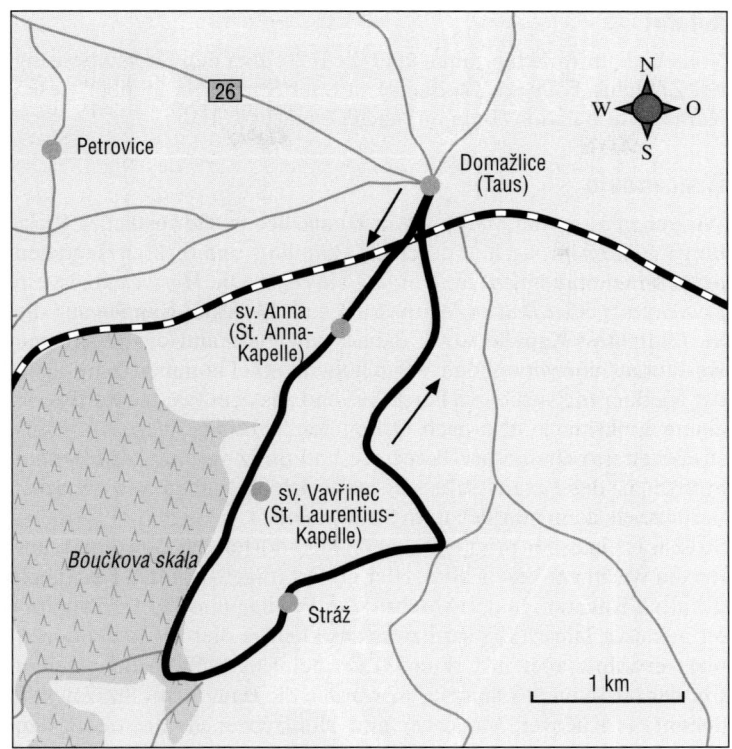

rissen wird. 1851 wurde die Kirche renoviert, weitere Instandsetzungen fanden 1939 und zwischen 1965 und 1967 statt.

Die Choden wallfahrteten regelmäßig zu der Laurentiuskirche. Während des Zweiten Weltkrieges und 1990 wurde diese Wallfahrt mehrfach verboten. Am Serpentinenweg von Domažlice auf den Laurentiusberg steht noch die kleine Annakapelle, 1886 von der Baronin Anna von Ehrfeld errichtet, und zwar an Stelle der so genannten Kloboučnik-Kapelle. An dieser Kapelle machten die Verurteilten auf dem Weg zur nahe gelegenen städtischen Hinrichtungsstätte halt. Auf dem Berggipfel gibt es auch ein Hotel und Restaurant mit einem Bild des Malers J. Šebek.

Anfahrt

Von Furth im Wald fährt man über die B 20, über den Grenzübergang bei Zollhaus–Folmava (Vollmau), auf der Straße Nr. 26 über Česká Kubice und Babylon (Babilon) nach Domažlice (Taus).

Wanderroute

Wir gehen also vom Stadtplatz in **Domažlice** in südwestlicher Richtung in die *Jiráskova*, hier durch die Bahnlinie und rechter Hand den Serpentinenpfad hinauf in *Richtung Vavřinec*. Die *Markierung* ist ein *grüner* und *gelber Balken*. Wir passieren die **St. Anna-Kapelle** und die **St. Laurentius-Kapelle** sowie danach am Waldrand das Hotel und Restaurant, ehe wir auf den 560 m hohen Gipfel kommen. Wir folgen der Markierung vorbei am Forsthaus und aus dem Wald hinaus, wo in einem Linksknick, also nach Osten, der markierte Weg zum Fahrsträßchen zwischen Stará Posečnice und Stráž verläuft. Auf diesem Sträßchen, das bereits sehr aussichtsreich ist, gehen wir zunächst nordöstlich, dann nördlich nach **Stráž** hinein.

Stráž war eines der privilegierten Chodendörfer, die Bewohner hatten die Wacht am Veselá hora. Hier im Ort tragen die alten Frau noch die alten Trachten. In der Abschrift des Privilegiums der Chodendörfer aus dem Jahre 1325 wird zwar das kleinste dieser Chodendörfer nicht erwähnt, aber in Urkunden erscheint es 1430. In der zweiten Chodenrebellion des Jahres 1767 wurden die Bauern aus Stráž neben denen aus Klíčover, Mrákover und Tlumačover als die trotzigsten genannt. In der Mitte des Ortes steht eine polygonale Kapelle, die dem heiligen Laurentius geweiht war. Von den ursprünglichen Chodenbauten gibt es noch das Haus Nr. 1, ein Holzhaus, und am kleinen Ortsteich finden wir Haus Nr. 33, das letzte von den gezimmerten Waldlerhäusern, die in ihrer Ursprünglichkeit leider nur noch selten erhalten sind.

Es geht zum östlichen Ortsende, die Straße teilt sich, wir halten uns rechts abwärts, vorbei an der Schule. Nun reicht der Blick weit über das leicht gewellte Land, das durch Baum- und Buschgruppen aufgelockert ist. Eine dicht mit Büschen und Bäumen bestandene Allee führt uns zu einer großen Kreuzung hinunter. Wir halten uns links weg, also nicht geradeaus nach Nevolice. Zunächst geht es ein wenig bergauf. Auch hier gibt es Büsche und Bäume am Straßenrand und links sieht man den Grat, den wir zuvor hinaufgewandert sind. Der Weg knickt nach rechts ab und wir haben Domažlice im Blickfeld. Die Stadt liegt im Tal ausgebreitet, am auffälligsten ragt der Rundturm aus dem Häusermeer. Wir kommen durch einen Hohlweg, vorbei an einer Steinsäule mit einem gusseisernen Kreuz, und zwischen Büschen im Linksbogen hinunter zur Bahnlinie und schließlich zu den ersten Häusern von Domažlice und über die Bahngleise zurück zum Stadtzentrum.

Wanderkarte
Fritsch Wanderkarte Nr. 56 „Naturpark Oberer Bayerischer Wald, Böhmerwald"

Weitere Auskünfte
Okresní úřad Domažlice, Paroubkova 228, CZ 34401 Domažlice
Club tschechischer Touristen KČT, Mánosova 512,
CZ 34401 Domažlice

Weitere Wandervorschläge vom Grenzort Furth im Wald aus

Auf den Čerchov (Schwarzkopf) (16 km, 5 Stunden)
Česká Kubice (Böhmisch Kubitzen), *Markierung Baierweg* – Petrova samota, *Markierung blaue Raute, Markierung gelb* – Č. Studánka, *Markierung blau* – Čerchov nach Süden, *Markierung blau* – zur Horizontála nach Osten, *Markierung rot* – Česká Kubice

Zu den Chodendörfern (10 km, 2,5 Stunden)
Babylon (Babilon), *grüne Markierung* – Pec (Hochofen), *gelbe Markierung* – Chodov (Meigelshof) – Trhanov (Chodenschloß), *rote Markierung – Baierweg, blaue Raute* – Babylon

Geschichte des Aussichtsberges Schwarzkopf

Der 1042 m hohe Schwarzkopf (Čerchov) liegt im nördlichen Böhmerwald, unmittelbar an der Grenze zum Bayerischen Wald. Dichte Urwälder aus Mischwald bedeckten noch bis vor wenigen Jahrhunderten das Gebiet, von dem Tacitus behauptete, dass keine andere Landschaft wilder und schrecklicher sei. So urwüchsig das Gebiet war, so führten doch seit Urzeiten Handelswege und Pfade durch das Gebirge als Verbindung zwischen West- und Osteuropa. Zur Sicherung der Grenzen und Handelswege hat man hüben wie drüben freie Bauern angesiedelt, auf bayerischer Seite die künischen Bauern, auf böhmischer Seite die Choden. Sie hatten die Aufgabe, u. a. ausländische Kaufleute, die für diesen Dienst bezahlen mussten, durch den Grenzwald zu begleiten. Sie hatten aber auch den Auftrag, Feinde am Einfall in das Land zu hindern. Auf den Anhöhen wurden Wachplätze eingerichtet, so auch auf dem Čerchov und, wenn Gefahr im Verzuge war, hat man Signalfeuer angezündet. Das war seit der Jahrtausendwende bis ins 17. Jh. so. Die Wehrbauern verloren ihre Privilegien. Sie waren nicht mehr direkt dem König untertan, sondern den regionalen Fürsten. Auf böhmischer Seite gründeten die Herren von Lamingen Eisenhütten, so in Pec pod Čerchovem. In den Wäldern um den Čerchov fand man genug Holz zur Verhüttung des Eisens. Auch Glashütten entstanden, so in Bystřice oder Fuchsova hut' oder in Černá Řeka. Die meisten Betriebe gingen spätestens in der ersten Hälfte des 20. Jh. ein. Eine Erinnerung an die Eisenhütte befindet sich auf dem Dorfplatz von Pec pod Čerchovem: ein Kreuz mit dem gekreuzigten Christus. Es besteht aus Blech von der letzten Schmelze der Hütte.

In den Wäldern fanden Holzfäller einen bescheidenen Lebensunterhalt. Den chodischen Holzfällern schrieb man eine große Geschicklichkeit bei der Herstellung von Gebrauchsgegenständen aus Holz zu. Viele Schriftsteller setzten sich mit dem Leben der Choden auseinander, so J. F. Hruška, A. Jirásek oder die Schriftstellerin B. Němcová. Die Geschichten und Romane, aber auch der Bau der Eisenbahnlinie zwischen Plzeň und Furth im Wald im Jahre 1861 führten dazu, dass in der zweiten Hälfte des 19. Jh. das Chodenland zu den meistbesuchten Gebieten Böhmens wurde.

In Domažlice wurde im Mai 1893 eine Sektion des Clubs der tsche-
chischen Wanderer gegründet. Dieser Club bewirkte durch Anlage
von Wanderwegen und deren Markierung, dass das Gebiet, aber
auch der Čerchov erschlossen wurde. Als Pfingsten 1893 Prager
Wanderer den damals schwer zugänglichen Schwarzkopf bestiegen,
kam die Idee auf, hier einen Aussichtsturm zu bauen. Im März 1894
beschloss man, diese Idee zu verwirklichen, und bereits im Mai des
gleichen Jahres war der Holzbau fertig. Er hatte drei Stockwerke
und war siebzehn Meter hoch. Bei der Eröffnungsfeier acht Wochen
später erschienen vielen Choden in ihrer Tracht. Als Nächstes kam
die Idee auf, eine Schutzhütte auf den Schwarzkopf zu bauen und
bereits im Juni 1897 konnte sie eröffnet werden. Benannt wurde sie
„Pasovský Hütte" nach dem Architekten, der den Plan gezeichnet
hatte. Der erste Pächter der Schutzhütte war Štěpán Frey aus Starý
Postřekov. Zuvor war in Česká Kubice die Pension „Krásno-
horská" eröffnet worden, mit Blick auf den Schwarzkopf. Sie steht
heute noch. Von Česká Kubice wurde ein Wanderweg auf den
Čerchov mit dem Namen „Hanovka" angelegt. Er ist etwa 7 km lang
und führt am Böhmischen Brunnen vorbei. Damals hat man an
diesem Weg jeweils nach hundert Metern die erreichten Höhenmeter
angegeben. Auch von Capartice aus wurde ein Weg gebaut und nach
dem Erbauer, dem Grafen Stadion, „Stadionka" genannt. Entlang
der Grenze verläuft von Dreiwappen aus ein weiterer Weg. Der
Zustrom der Wanderer war so groß, dass man 1898 mehr als drei-
tausend zählte. Und zwischen Plzeň und Domažlice, Česká Kubice
und Furth im Wald verkehrten vom Frühling bis zum Herbst regel-
mäßig jeden Sonntag und am Feiertag so genannte Vergnügungs-
züge. In der Hütte auf dem Čerchov hat man 1901 eine Postsammel-
stelle errichtet. In der Nähe entstand 1903 ein hölzerner Pavillon.
Zwischen 1902 und 1906 baute man vom Čerchov aus eine Wasser-
leitung, die Waldmünchen mit Wasser versorgte. Man hat dabei ins-
gesamt elf Quellen zusammengefasst. Interessant ist, dass es auf der
Westseite des Čerchov mehr Niederschläge gibt, als auf der Ostseite.
Weil der hölzerne Turm baufällig wurde, hat man mit einem gemau-
erten Aussichtsturm im Jahre 1904 begonnen. 1905 wurde er der
Öffentlichkeit übergeben. Benannt wurde er nach dem damaligen

Reichstagsabgeordneten Dr. Vilém Kurz. Die Skiläufer erschienen 1911 auf dem Schwarzkopf. 1917 war die Frau des ersten tschechoslowakischen Präsidenten Masaryk mit der Tochter Alice auf dem Gipfel. Sie wohnte in der Pension „Krásnohorská". Nach dem Ersten Weltkrieg wurden die Wälder um den Čerchov von der Nonne befallen. 1920 hat man eineinhalb Millionen Raupen und Puppen und zweihunderttausend Schmetterlinge in den Wäldern gesammelt. Bekannt wurden die Ereignisse durch den Roman „Die Nonne" von J. Vrba. 1921 hat man auf dem Čerchovgipfel eine Wetterstation gebaut. In den Jahren zwischen 1925 bis 1927 entstand eine zweite Berghütte auf dem Gipfel. 1936 hat man beim Aussichtsturm das Holz durch Eisenbeton ersetzt.

Nach dem Zweiten Weltkrieg waren die Bauten auf dem Schwarzkopfgipfel in einen trostlosen Zustand. Vieles musste repariert und die Wanderwege neu markiert werden. 1947 wurde an der Ostseite des Čerchov eine Skipiste ausgesteckt, allerdings begann der Betrieb im Folgejahr noch ohne Skilift, aber 1949 hatte man alle Objekte auf dem Gipfel geschlossen. Auch der Grenzbereich wurde weitgehend gesperrt, und erst 1996, also lange nach der Wende, hat die tschechische Regierung beschlossen, die Immobilien dem ursprünglichen Besitzer zurückzugeben. In die Reparatur des Aussichtsturmes und in die geplante neue Hütte auf dem Čerchov fließen Arbeit und Geld, so dass der Club Tschechischer Touristen, Sektion Domažlice in Mánesova 512, CZ 34401 Domažlice, Spenden gern entgegennimmt.

7 Zu den Burgen von Kdyně

Das ist eine ungewöhnlich interessante, etwas anstrengende Wanderung auf teilweise verwachsenen und steilen Pfaden, überwiegend durch Wald.

Anfahrtsorte: BRD: Eschlkam / CZ: Podzámčí
Ausgangspunkt: Ortskapelle in Podzámčí
Länge: 9 km
Gehzeit: 3 Stunden
Anstieg: 200 m

Podzámčí – Rýzmberk (Riesenberg) – Překopy – Nový Herštejn – Podzámčí

Der Dreiburgenweg

Die Ruine der Burg Riesenberg liegt am westlichen Teil der Bergkette, welche die Stadt Kdyně umschließt. Steil ragt die Höhe über dem Talboden, auf dem einst ein Handelsweg nach Bayern führte. Die Burg, auf einem erhöhten Felsen, ist von zwei Schanzengürteln geschützt. Es gibt drei Burghöfe, an der Ost- und Westseite standen die Wohngebäude. Der alte Palas mit dem walzenförmigen Turm und den teilweise in den Felsen gehauenen Kellern ist in Resten erhalten. Gegenüber hat man in den Jahren 1847 bis 1848 einen Aussichtsturm gebaut. Gegründet wurde die Burg vom böhmischen Geschlecht Drslavic, und zwar auf Anregung des Königs Otakar II. Der Name „Riesenberg" geht auf das Jahr 1279 zurück. Anfang des 15. Jh. gehörte die Anlage der Familie Racek von Janowitz. Allerdings ist die Burg 1448 abgebrannt. Danach hat man sie zur modernsten befestigten Burg im Gebiet von Domažlice ausgebaut. Mitte des 16. Jh. kam der Besitz an das westböhmische Geschlecht der Herren von Guttenstein. Einer der Guttensteins, Graf Jindrech Burian, hat am böhmischen Ständeaufstand gegen Kaiser Ferdinand II. teilgenommen. Danach wurde 1620 die Burg von den Kaiserlichen erobert und konfisziert. Im 30-jährigen Krieg ist sie 1641 von der schwedischen Armee teilweise zerstört worden und seitdem dem Verfall preisgegeben. Heute findet im Amphitheater der Burg jährlich ein Theatersommer statt. Populär ist auch der Riesenberg-Burggullasch, ein Festival mit Volksliedern.

Anfahrt

Der Grenzübergang von Eschlkam ist über ein 5 km langes Fahrsträßchen zu erreichen. Die deutsche Seite heißt Neuaign, die tschechische Všeruby (Neumark). Über Všeruby geht es dann vorbei an Hájek (Donau)–Brůdek (Fürthel)–Prapořiště und weiter nach Kdyně (Neugedein), dann nordwärts hoch über eine Höhenstraße zum Fuße des Rýzmberk (Riesenberg), wo ein Abstecher zur Burg und zum Amphitheater empfehlenswert ist, ehe man nach Podzámči wandert.

Wanderroute

Vor **Podzámči**, beim Denkmal Pravda vetézi 1415–1919 und einer Sitzgruppe, wandern wir erst einmal links in den Wald hinein. Bevor wir der Forststraße folgen, haben wir im Rückblick noch einmal eine wunderbare Aussicht über das Tal von Kdyně und die jenseitigen Waldhügel. Markiert ist der Weg mit einem *roten Dreieck*. Er leitet auf einen Grat, wo er rechts in einen Steilhang schwenkt, der zum Gipfel leitet. Hier stoßen wir auf die *Markierung grüner Balken* und bald auf den Mauerkranz. Stufen bringen uns über die erste Ummauerung, und wir kommen ins Burginnere, wo wir auf Sitzbänken ausruhen und uns an den Angeboten des Kiosk erfreuen können. Von hier nach Podzámči sind es 500 m Entfernung, und bei der Ortskapelle folgen wir den Wegweisern. Markiert ist der Weg zum Nový Herštejn (2,5 km). Auch der Baierweg mit der blauen Raute führt vorbei und ein IVV-Rundwanderweg, der grün markiert ist. Wir lassen also die Ortskapelle links liegen, gehen am Gemeindehaus vorbei und folgen nun den *roten Markierungen (roter Balken und rotes Dreieck)*. Ein paar Häuser stehen noch am Wegesrand. Der Weg verzweigt sich. Es geht rechts weiter. Auf der linken Seite liegt ein Löschteich. Dann folgen wir dem Waldrand. Nach wenigen Metern müssen wir links abzweigen, in einen grasigen Hangweg in nordöstlicher Richtung. Wir kommen dann steil durch Hochwald und dort, wo wir

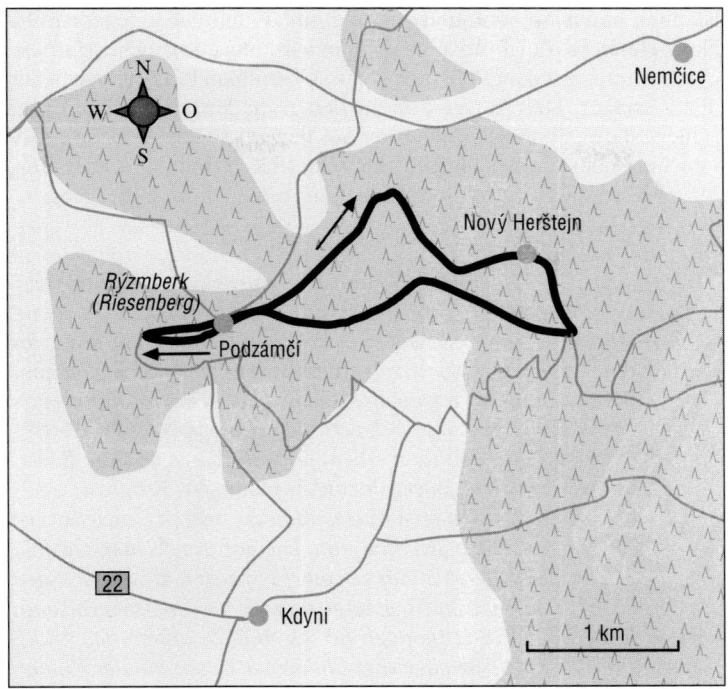

den Niederwald erreichen, wird es etwas ebener. Die erste Anhöhe ist erreicht. Auch hier gibt es Burgreste, Reste von Burggräben, wir sind auf dem **Překopy**.

Der Bau der Burg geht auf die Jahre 1124 bis 1140 zurück. 1270 sind die Herren von Rýzmberk als Besitzer genannt und das Burgareal wird mit 76 mal 27 Meter angegeben. Wir wandern zweimal durch Wallgräben und dann steil hinunter in eine Senke, zu einem quer verlaufenden Forstweg, der uns nach rechts und aufwärts aufnimmt. Unsere jetzige Richtung ist fast südlich. Wir kommen geradeaus über eine Dreieckkreuzung, gehen wieder bergab und dann flach an einer Wildfütterung vorbei zu einer großen Lichtung. Es gibt hier auch einen kleinen Teich. Hier ist Privatgelände mit Weideland und Obstbäumen durchsetzt und auch ein Forsthaus. Eine Allee mit mächtigen

Bäumen nimmt uns auf, und wir sind im 630 m hoch gelegenen Ort
Nový Herštejn. Zur Burgruine müssen wir links abzweigen. *Markiert*
ist ein *rotes L* mit dem Fuß nach rechts. Über einen Pfad erreichen wir
die Gemäuer. Die Anlage soll zu den noch besterhaltenen Burg-
ruinen Südwestböhmens gehören. Sie liegt in 682 m, und ihre Geschichte ist eng mit den Herren von Velhartice verbunden. Diese Herren besaßen die Burg von ihrer Erbauung bis zu ihrem Untergang.

> **Johann von Herštejn**
> *Der Bau geht auf die Jahre 1348 und 1349 zurück. Die Eigentümer*
> *der Burg hatten ständig Streitereien mit den bayerischen Fürsten.*
> *Diese erreichten ihren Höhepunkt im Jahre 1473. Die Bayern*
> *haben Johann von Herštejn festgenommen und in Straubing einge-*
> *sperrt. Wieder entlassen revanchierte sich Johann, unternahm weite*
> *Feldzüge ins Bayerische und belagerte 1475 eine bayerische Abtei-*
> *lung. Daraufhin wurde Johann erneut festgenommen und die Burg*
> *zum Teil zerstört. Nach Lösegeldzahlung kam der Burgherr frei,*
> *weil aber seine Besitzungen ausgeplündert waren, siedelte er*
> *nach Lomec bei Klatovy (Klattau) um. Die auf den flachen Gipfel*
> *gebaute Burg Nový Herštejn mit den zwei Türmen hatte eine Pforte*
> *mit Bollwerk. Die Wirtschaftsgebäude standen an den Mauern, von*
> *denen heute noch die Öffnungen für die Balken erkennbar sind.*
> *Aus der Mitte der Burganlage ragt ein kleiner Felsen mit der Ruine*
> *des Palas. Hier soll der Sage nach Johann von Herštejn 1475 seine*
> *drei Töchter und alle Schätze eingemauert haben. Unterhalb der*
> *Burg steht ein Forsthaus mit den Wappen der Tschermins, der letz-*
> *ten Gutsbesitzer. Bereits 1933 wurde die Anhöhe mit der Burg unter*
> *Naturschutz gestellt.*

Der Weiterweg führt wieder hinunter zum Bergfuß, und wir folgen
dem Zaun, der die landwirtschaftliche Fläche umschließt, erst ein
paar Schritte nach links, um dann in südlicher Richtung an einem
Bauernhaus vorbeizugehen, zu einer Kreuzung mit Parkmöglichkeit.
Der Ort heißt **Vejpřahy** (644 m). Kurz vor der Straße führt rechts die
Markierung rotes Dreieck über einen Pfad auf einen Grat im Wald
und nach Westen. Wir folgen dem Gratweg. Auf beiden Seiten fällt
das Land ziemlich steil ab. Wir kommen über eine Anhöhe und über

weitere Gratkuppen, bis sich der etwas grasige Pfad verzweigt. Wir halten uns links durch ein verwachsenes Wegstück, das steil ansteigt. Wo es wieder eben wird, hat man Ausblicke ins Tal. Man sieht die Stadt Kdyně und wir kommen bergab aus dem Wald hinaus in ein locker mit Büschen und Bäumen bestandenes Gelände. Schön ist die Aussicht hier, bis der Weg im Rechtsbogen nach Westen schwenkt. Wir kommen steiler hinunter zu einem Fahrweg mit einer Sitzgruppe. Ein Kreuz mit Marienbildern ist hier aufgestellt. Es geht über den Fahrweg hinaus, der Markierung nach in den Wald hoch und danach auf halber Höhe rechts ab. Schließlich wandern wir im Steilhang hinunter zum Waldrand. Man sieht bereits die Häuser von **Podzámčí**. Wir halten uns rechts in das Fahrsträßchen, um dann links zur Kapelle zurückzukehren.

Wanderkarte
Fritsch Wanderkarte Nr. 56 „Naturpark Oberer Bayerischer Wald, Böhmerwald"

Weitere Auskünfte
Markt Eschlkam, Waldschmidtplatz 2, 93458 Eschlkam

Předni, nahe dem Grenzübergang Hofberg.

8 Zum Heiligtum auf dem Tannaberg

Eine etwas lange, aber im zweiten Teil ungemein reizvolle und aussichtsreiche Tour mit einer Gratwanderung zur Wallfahrtskapelle. Die Wege im ersten Teil sind Fahrwege, im zweiten Teil gelegentlich etwas verwachsene Pfade. Es empfiehlt sich in diesem zweiten Teil gut auf die Markierungen zu achten.

Anfahrtsorte: BRD: Eschlkam / CZ: Všeruby
Ausgangspunkt: Seeufer Všeruby
Länge: 13 km
Gehzeit: 3,5 Stunden
Anstieg: 180 m

Všeruby (Neumark) – Hájek (Donau) – Brůdek (Fürthel) – Prapořiště – Čepice – Ráj – Na Spaleném – Tanaberk (Tannaberg) – Hájek – Všeruby

Aussichtwanderung zwischen St. Václav und der Annawallfahrt

Všeruby liegt an der Grenze vom Bayerischen Wald zum Böhmerwald. Das Gebiet zwischen Eschlkam auf der deutschen Seite und Kdyně (Neugedein) ist durch ein Tal verbunden. Durch dieses Tal führte seit Urzeiten ein Handelsweg, der Regensburg mit Prag verband. Erst im 16. Jh. wurde der Grenzwald hier allmählich besiedelt. Auch Všeruby entstand ziemlich spät, in Urkunden taucht es erstmals 1570 auf, als Kaiser Maximilian II. dem Städtchen Neumark Privilegien verlieh. Weil am Rande des Ortes ein großer Teich liegt, hat man ihn auch „Böhmischweiher" oder „Weiher" genannt. Všeruby gehörte zu dem Besitz der Burg Rýzmberk, und durch Vermittlung des Burgbesitzers Jiří von Gutštejn bekam Všeruby ein Stadtwappen. Es ist ein goldener Schild mit einem Bären auf Hinterbeinen stehend dargestellt. Im 17. Jh. hat dann die Dynastie Koc von Dobrš den Besitz einschließlich der Dörfer Brůdek, Hájek und Studánky (Kaltenbrunn) erworben. Die Kirche von Všeruby wurde 1628 bis 1850 ge-

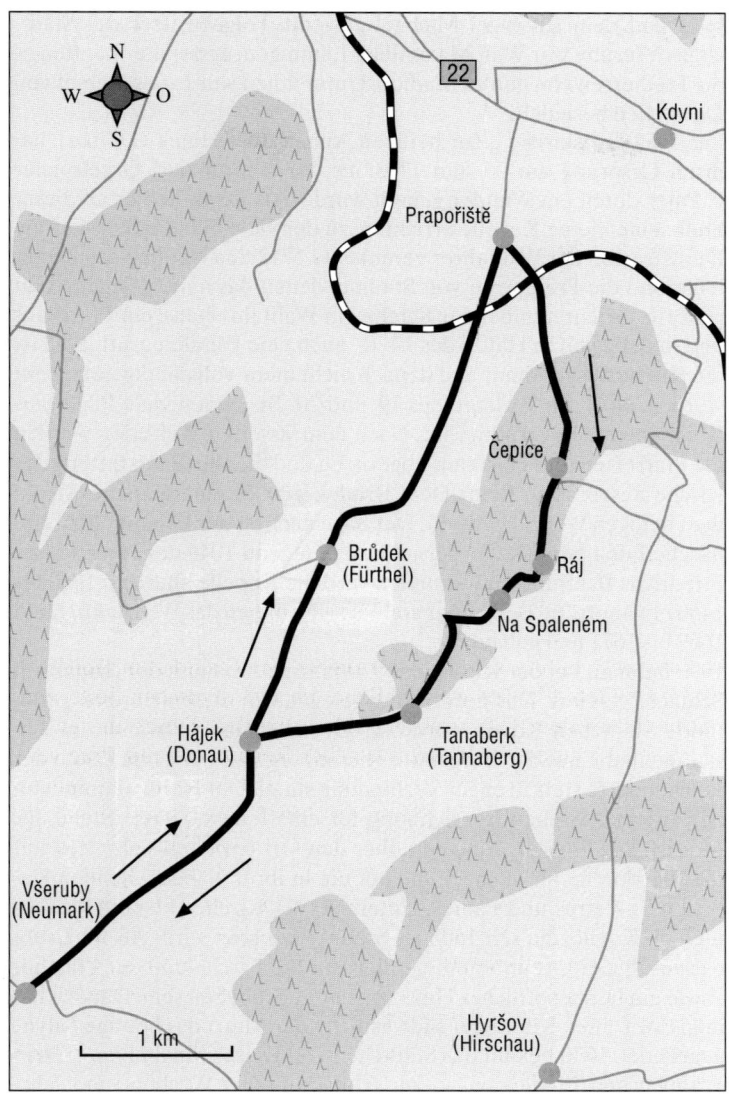

baut und dem Erzengel Michael geweiht. Folgebesitzer des Städtchens Všeruby war Wolf Maximilian Lamingen, und später kauften es die Freiherren von und zu Stadion. Unter ihnen wurde das Gebiet von Deutschen besiedelt.

Die Wallfahrtskirche „Zur heiligen Anna" über Hájek (Donau), hat ihren Ursprung am 25. Juli 1703, als der Kantor und Orgelspieler F. Pajer durch ein Wunder geheilt wurde. Als Dank ließ er an dieser Stelle eine kleine Kapelle errichten, zu der viele Gläubiger pilgerten. Der Zustrom der Wallfahrer veranlasste 1712 den Neubau des Kirchleins, und die Freiherren von Stadion, denen das nahe gelegene Gut gehörte, errichteten bei der Kirche ein Wallfahrtshaus, ein Pfarrhaus und in der zweiten Hälfte des 19. Jh. auch eine Familiengruft. 1965 ist die Kirche ausgebrannt und danach nicht mehr vollständig aufgebaut worden. Noch im Verlaufe des 19. und 20. Jh. kamen viele Pilger aus Böhmen und Bayern hierher. Nach dem Zweiten Weltkrieg wurden die Pfarrei und das Gasthaus abgerissen und die Innenausstattung der Kirche ausgeraubt. Beim Dorf Brůdek gibt es eine Kapelle. Sie ist dem heiligen Wenzel geweiht. Der Sage nach ist der Erbauer der böhmische Fürst Břetislav I., der in dieser Gegend 1040 das Heer Kaiser Friedrichs II. schlug. In Urkunden wird die Kapelle aber erst 1360 bis 1450 erwähnt. Die Bewohner von Všeruby haben das Wenzelkirchlein 1669 bis 1671 neu gebaut.

1990 hat man bei der Kirche das 950-jährige Jubiläum der damaligen Schlacht gefeiert. Das nordöstlich gelegene, in diesen Bereich gehörende Städtchen Kdyně wurde im 13. Jh. erstmals erwähnt, im Zusammenhang mit der Burgstätte Riesenberg, mit der es im Laufe der Jahrhunderte stets in enger Verbindung stand. Der Name stammt von der alten slawischen Bezeichnung für eine feuchte, nasse Stelle, für Morast. Die ältesten Angaben über den Ort beziehen sich meist auf die Pfarrkirche St. Michael und auf die in ihrer Nähe stehenden Kapellen St. Petrus und Paulus. Unterhalb der Kirche entstand die Gemeinde Kdyně, die seit 1508 als Stadt bezeichnet wird. Als im Laufe des 16. Jh. der Ort abbrannte, sollen nur die Kirche und der Pfarrhof sowie ein herrschaftliches Haus verschont geblieben sein. Danach hat man etwa einen Kilometer südwestlich vom Altort das heutige Kdyně gegründet. 1570 bekam das Städtchen von Kaiser Maximilian II. sein Wappen und Privilegien, so zur Abhaltung von Wochen- und Jahr-

Die Kapelle von Brůdek.

märkten. Das bedeutendste Bauwerk des Städtchens ist die Nikolauskirche. Aus der zweiten Hälfte des 14. Jh. sind die Kreuzgewölbe des Presbyteriums erhalten. Die große Entfernung der Kirche zur Stadt hat die Bürger auf die Idee gebracht, auf dem Stadtplatz eine neue, der heiligen Dreifaltigkeit geweihte Kirche zu bauen. Der Pfarrer protestierte dagegen und so wurde der Bau erst in den Jahren 1887 bis 1902 verwirklicht. Auf dem Stadtplatz steht auch das stattliche Rathaus und daneben das Tor der alten Spinnerei, das mit der Statue eines sitzenden Löwen geschmückt ist.

Anfahrt

Man nimmt bei Eschlkam den Grenzübergang Neuaign, gleich hinter der Grenze liegt Všeruby.

Wanderroute

In Höhe des Sees von **Všeruby** wandern wir auf dem Fahrweg, parallel zum Seeufer, vorbei an mehreren Restaurants, Nightclubs und einer Tankstelle. Wir gehen durch den Talboden und erreichen nach ein paar hundert Metern **Hájek**. Nach dem Ortsende geht es bergauf. Man sieht bereits rechts auf dem Hügel die Annakapelle. Wir folgen der Teerstraße, die mit einem *grünen Balken* markiert ist, nach Brůdek und zweigen in **Brůdek** links in den Hang hoch zur Wenzelskapelle, die an die Schlacht des Jahres 1040 erinnert. Dieser Weg ist mit einem *roten Balken* markiert. Jetzt gehen wir hinunter zum Fahrsträßchen. In der Ortsmitte befindet sich eine Wanderwegtafel. Wir kommen am Restaurant „Motorest" vorbei und gehen nach Ortsende über eine Anhöhe. Hier ist die Wasserscheide Elbe-Donau. Dann wandern wir langgezogen bergab über die Bahngleise nach **Prapořiště**. Hier kommen wir zu einer Kreuzung, halten uns zunächst rechts in Richtung Kdyně, gehen bei der Kapelle gleich rechts ab, durch die Bahnunterführung, der *gelben Markierung* nach. Es geht ins Feld hinauf, zunächst an einem Zaun entlang und an einer Buschreihe hoch bis zum Waldrand. Die Richtung ist Süden. Der Weg spaltet sich, wir halten uns links und beim nächsten Abzweig geradeaus und immer noch aufwärts, auf einer recht verwachsenen Route. Wir kommen zu einer Lichtung, halten uns hier rechts, wieder hoch und nun im Hochwald dem höchsten Punkt zu. Es ist der **Čepice (642 m)**. Wir wandern auf dem *Baierweg*. Wir halten uns nun rechts und zum Ende des Hochwaldes. Hier geht es auf einem völlig verwachsenen Pfad weiter, auf eine Lichtung mit einem Wildgatter zu. Wir haben dabei eine großartige Aussicht, und von der Höhe geht es steil bergab zu einem quer verlaufenden Weg. Nun am Waldrand rechts weiter, der *roten Markierung* nach, mit schöner Aussicht nach Osten. Wir sind auf dem **Ráj (615 m)**.

Eine Sitzgruppe hier ist total verfallen und unser Weg biegt nun nach links und steil bergab. Am Ende der Lichtung verzweigt sich der Weg. Wir halten uns geradeaus, südwärts in den Hochwald hinein. Dann wieder hinaus, mit großartiger Aussicht über das Land. Es geht am Waldrand weiter, der Markierung nach. Ein Fahrweg wird erreicht. Auf diesem geht es weiter abwärts, vorbei an einem Gehöft, aus dem Siedlungsbereich hinaus. Der Blick nach Westen wird frei. Ein von Obstbäumen gesäumter Feldweg nimmt uns am Waldrand auf, und an diesem geht es weiter. Vor uns liegt der Tanaberk (Tannaberg). Am Waldeck steht eine Gedenksäule mit einem Kreuz, das 1936 errichtet wurde. Ein Waldstreifen führt uns hoch. Am Waldeck befindet sich ein weiteres Marterl und ein Jägerstand. Dann geht es auf dem Grat über eine Wiese. Hier genießen wir noch einmal die großartige Aussicht, und schließlich erreichen wir die **St. Anna-Kapelle**. Hier stehen Wegweiser, und es gibt Sitzgruppen. In westlicher Richtung folgen wir auf einem Pfad der *roten Markierung* steil hinunter zum Waldrand, dann einer Buschreihe nach durch die Wiesen und zu den Gebäuden einer Kolchose. Schließlich kommen wir zum Fahrsträßchen, das uns über **Hájek** nach **Všeruby** zurückleitet.

Wanderkarte
Fritsch Wanderkarte Nr. 56 „Naturpark Oberer Bayerischer Wald, Böhmerwald"

Weitere Auskünfte
Tourismusbüro Kdyně, Náměstí 131, CZ 34506 Kdyně

9 Auf den Dreiwappen

Ein etwas anstrengender Weg auf den Grenzgipfel. Man muss sehr auf die Markierung achten, etwas Orientierungssinn besitzen und vor allen Dingen genau der Beschreibung folgen.

Anfahrtsorte: BRD: Furth im Wald
Ausgangspunkt: Voithenberg, Grenzübergang Schafberg
Länge: 16 km
Gehzeit: 5 Stunden
Anstieg: 380 m

Grenzübergang Schafberg – Hammerschmiede – Voithenberghütte – Voithenberg – Dreiwappen – Bystřice (Fichtenbach) – Schafberg

Vom Schloss über den Grenzberg ins Tal der Kalten Pastritz

Der Höhenzug nördlich der Grenzstadt Furth im Wald hat einen besonders markanten Punkt. An einem unmittelbar an der Grenze gelegenen Felsen sind die Wappen der ehemaligen Länder Bayern, Böhmen und Pfalz eingemeißelt. Sie erinnern an die Grenzziehung des Jahres 1766, und bei den Wappen handelt es sich um das des Kurfürstentums Bayern, des Königreiches Böhmen und des Herzogtums Oberpfalz. Der Grenzvertrag wurde am 3. März 1764 von Kaiserin Maria Theresia und dem bayerischen Kurfürsten Maximilian Joseph III. unterzeichnet. Dieser Vertrag bestimmte genau den neuen Grenzverlauf. An Böhmen fielen damals die Gebiete um Grafenried und Vollmau (Folmava). Die Oberpfalz erwarb Steinlohe mit Umgebung. In den Jahren 1764 bis 1766 hat man die Grenze neu vermessen und mit den Marksteinen gekennzeichnet, die sich an einigen Grenzabschnitten bis heute erhalten haben.

Von Böhmen aus ist der Dreiwappen durch einen steil ansteigenden Fußweg erreichbar, der vom Raum Bystřice aus grün markiert ist. Von der bayerischen Seite aus kann man von der Gaststätte „Gibacht" hierher gelangen oder auf der hier gewählten Route. In der

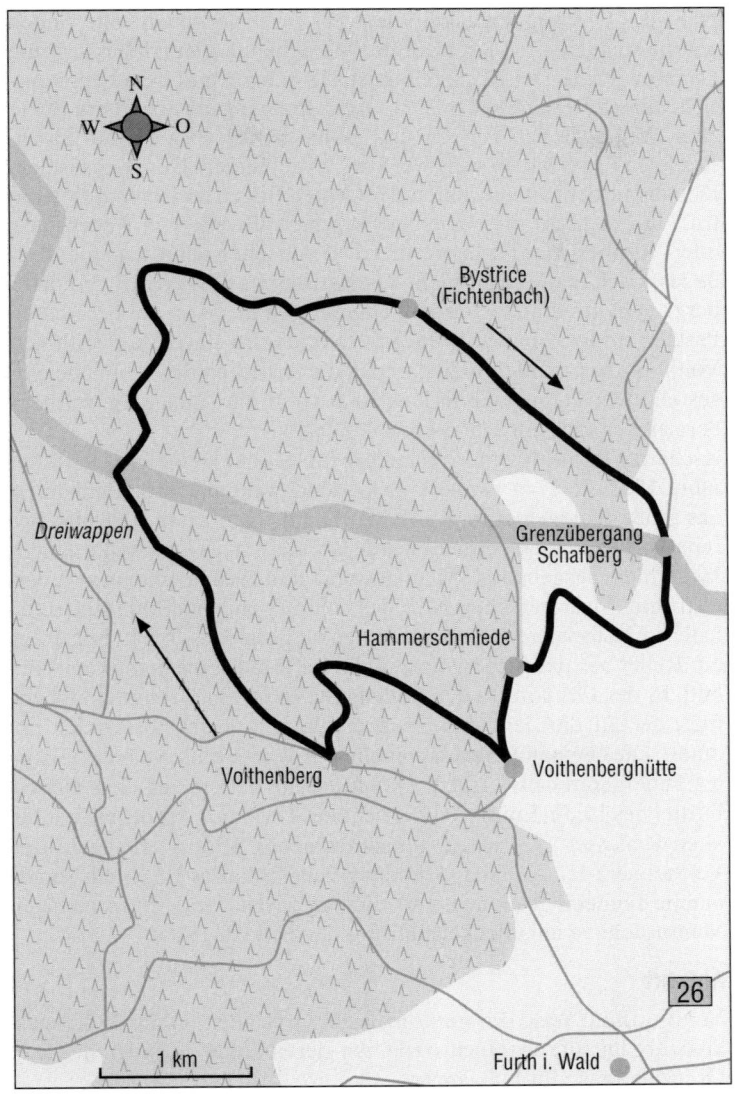

Nähe des Dreiwappens, aber schon auf der bayerischen Seite, finden wir die so genannten Kreuzfelsen, von denen der Rundblick bis zum Čerchov reicht. Der Kreuzfelsen ist 938 m hoch und das ebenso aussichtsreiche Reiseck 902 m. Der Grenzübergang am Schafberg ist ein alter Weg zwischen Bayern und Böhmen, die so genannte Hochstraße. In Furth haben sich zwei Straßen gebündelt. Der Weg aus dem Donaugau, dem alten Komitat der Grafen Bogen im Hochmittelalter, trifft in Furth auf die ehemalige Reichsstraße, die von Regensburg oder Nürnberg her Furth erreicht. Das Aussehen der alten Hochstraße lässt sich heute nicht mehr rekonstruieren. Der Name „Voithenberg" geht auf eine historische Hammerschmiede im Tal der Kalten Pastritz zurück. Sie wurde 1823 vom Freiherrn Zacharias Voith von Voithenberg errichtet. 1926 hat man die Arbeit an der Schmiede eingestellt. Der Heimatverein Pastritz betreut die Anlage. In Voithenberg gibt es auch ein Schloss.

Zacharias II. Voith von Voithenberg mit Sitz in Herzogau kaufte im Jahre 1800 die 1740 Tagwerk große Hochwaldung Oed. Seitdem ist das große Waldgebiet im Besitz der Familie geblieben. Das alte, bereits vorhandene Jägerhaus wurde ab diesem Zeitpunkt zu einem Jagdschloss ausgebaut, 1855 aufgestockt und 1904 mit einem zwiebelgekrönten Turm versehen. Nördlich dahinter entstand 1900 eine Reithalle in historisierender Backsteingliederung. Das Tympanon trägt ein Relief mit der Siegesgöttin und zwei Reitern nach antikem Vorbild. In der Grundfeste der Außenmauern ist ein Grenzstein eingefügt, der an die damalige Grenzregulierung durch Österreich erinnert. Die ehemalige Schlosskapelle wurde 1993 durch ein umgebautes Feuergerätehaus ersetzt. Das Interieur datiert aus dem letzten Drittel des 19. Jh. Ein 1911/12 errichtetes Gasthaus wurde unweit des alten Schlosses 1923 als so genanntes neues Schloss erbaut. In der Voithenberg-Hütte, einer Gründung von Zacharias II., ist das so genannte Tandemhaus sehenswert, ein lang gestreckter erdgeschossiger Mansardenbau mit Glockenstuhl aus der Zeit vor 1818.

Anfahrt

Von Furth im Wald schwenkt man am Ortsende von der B 20 nach links ab, hinauf zur Hochstraße. An deren Ende befindet sich der Grenzübergang für Fußgänger.

Von der Grenzhöhe Furth i. W. reicht der Blick weit ins Böhmische.

Wanderroute

Dieser Fußweg, der aus Tschechien über den **Grenzübergang Schafberg** kommt, führt durch ein alleeartiges Waldstück. Wir sind an einem wunderschönen Hangweg mit Aussicht vor allen Dingen ins Tal auf den Grenzübergang an der B 20, schauen noch über die Further Senke hinüber zum Osser und nach Tschechien hinein. Am Wegesrand sind Bänke aufgestellt. Wir wandern bergab zu einem Gehöft und gehen auf der nach rechts wegführenden Straße zur **Voithenberghütte**. Die *Markierung* ist *F 11* und auch der Voithenberghammer ist beschildert. Wir kommen talwärts zu einem Gehöft mit einem Maibaum und an diesem vorbei zu einem Wanderparkplatz. Wir sind im Pastritztal.

Nach dem Parkplatz geht es rechts auf einem schmalen Sträßchen dem Wald zu, über eine Bachbrücke zu einem alleeartigen Weg, der am Waldrand entlangführt. Oberhalb des Golfplatzes kommen wir zu einer Fahrstraße, gehen rechts bergauf zu einem Steig mit Geländer und Holzleiter. Es ist die **Himmelsleiter** und *Wanderweg F 11*. Diesem Pfad folgen wir, erreichen den oberen Eingang des Golfplatzes und das **Schloss Voithenberg**. Zwischen Schlosspark und Schloss geht es auf *F 9* und *F 10* hoch, der *Dreiwappenmarkierung* nach. Im Wegbogen teilt sich unsere Route. Links geht es zur Roberthütte, wir gehen geradeaus in Richtung *Dreiwappen (F 9)* und *Gibacht*. Nach einem Bachübergang und einer Schneise, die im Winter Skipiste ist, erreichen wir eine Waldhütte. Hier enden zwei Skilifte. Danach kommt ein Schlagbaum und wir folgen geradeaus der Forststraße mit weitem Ausblick über den Bayerischen Wald und ins Further Becken. Wo der Weg nicht mehr so steil ist und hin und her schwenkt, führt links eine Abkürzung in den Wald. Man kann auch auf der Forststraße weitergehen. Bei einem Jägerstand und einer kleinen Lichtung mit Wildfütterung erreichen wir den Abkürzungspfad wieder.

Wir folgen der Forststraße aufwärts der *F 9-Markierung* nach und kommen am Steinernen Brünnel vorbei und schließlich zur Grenze. Dann geht es links im Wald hoch bis zu einer Unterstellhütte. Hier kann man nach links zum Kreuzfelsen gehen und geradeaus auf den Böhmerwaldweg. Über den *Dreiwappenweg*, dem *Hauptwanderweg BWV*, erreichen wir die **Bergwachtstation**. Von hier kann man in viele Richtungen wandern: zum Kreuzfelsen, zum Pfennigfelsen, zum Čerkov, zum Gasthof „Gibacht", zum Bergstüberl „Althütte" und nach Voithenberg sowie nach Furth im Wald und Waldmünchen.

Wir überschreiten die Grenze am **Dreiwappen** in nördlicher Richtung und wandern ziemlich eben auf einem Grat bis zu einem trigonometrischen Punkt, der *Markierung grüner Balken* nach. Es geht bergab, vom Grat hinunter zu einem quer verlaufenden Forstweg, rechts weiter, auf dem Hangweg nach Osten. Wir müssen sehr auf die Markierung achten, denn sie verläuft auch nach links. Wir gehen aber auf jeden Fall ostwärts. Der weitere Abstieg ist gut markiert, aber steil und nicht so gut zu gehen. Dann erreichen wir eine Forststraße, gehen bis zu einer Kreuzung und rechts auf einem Forstweg zu einer weiteren Kreuzung ins Bachtal. Der Bach bleibt rechts liegen. Wir erreichen eine Querstraße, biegen nach links und folgen der Markierung zu einer Allee.

Sie verläuft durch Lichtungen, die mit Buschwald und Bäumen durchsetzt sind, bis zu einem Straßenbogen. Wir sind im Talboden der Kalten Pastritz, biegen dann rechts in einen alleeartigen Waldweg, vorbei an einem Kriegerdenkmal, gehen über eine Bachbrücke und leicht bergauf. Nun wandern wir schnurgerade über ein schattenloses Aufstiegsstück und überqueren eine Wegspinne geradeaus. Noch ist *grün markiert*. Dann geht es steil hinunter ins Bachtal. Rechts wird wieder der Blick frei auf die Waldhügel. Wir kommen aus dem Bachtal zu einer Dreieckkreuzung. Die Markierung biegt zwar links weg, wir halten uns geradeaus, verlassen den Baumbereich und gehen rechts hinüber zum Grenzübergang Hochstraße zurück.

Wanderkarte
Fritsch Wanderkarte Nr. 56 „Naturpark Oberer Bayerischer Wald, Böhmerwald"

Weitere Auskünfte
Fremdenverkehrsamt, Schlossplatz 1, 93437 Furth im Wald
Touristinformation, Burgstraße 1, 93437 Furth im Wald

Der Böhmische Quarzwall

Eine geologische Rarität ersten Ranges ist der böhmische Quarzwall (Česká křemenný val). Es ist eine Kette von bizarren Quarzfelsen, die an verschiedenen Stellen an die Erdoberfläche treten und sich von Furth im Wald bis Tachau hinziehen. Zu sehen ist er bei Chodov, bei Nový Kramolin und Poběžovice, aber auch zwischen Tachov (Tachau) und Světci (Heiligen). Seine Entsprechungen hat dieser Wall in der Teufelsmauer des Bayerischen Waldes. Der Pfahl besteht aus 250.000 Jahre alten Quarzklippen, die parallel zu den Höhenrücken des Bayerischen Waldes von der Oberpfalz bis nach Passau in 150 km Länge verlaufen. Die Region zählt ja zu den ältesten Gebirgen, der Erde und vorherrschende Gesteinsarten sind Gneis und Granit in verschiedenartigsten Ausbildungen. Bei der Erdbildung hat der Felsrücken hier eine Kluft bekommen, die mit Kieselsäure ausgefüllt wurde. Das Material wurde härter als das Gestein des Gneis-, Granit- und Schieferuntergrundes und hat deshalb der Verwitterung besser als die Umgebung standgehalten.

10 Auf dem Baierweg

Ein reizvoller, nicht ganz kurzer Weg auf historischen Pfaden, teilweise mit hübscher Aussicht, zum großen Teil durch Wald, gut markiert und gut zu gehen. Nur am Schluss gibt es eine Abweichung.

Anfahrtsorte: BRD: Furth im Wald
Ausgangspunkt: Grenzübergang Schafberg
Länge: 13 km
Gehzeit: 3,5 Stunden
Anstieg: 120 m

Grenzübergang Schafberg – Česká Kubice (Böhmisch Kubitzen) – Nová Kubice (Deutsch Kubitzen) – Folmava (Vollmau) – Grenzübergang Schafberg

Vom Schafberg nach Böhmisch Kubitzen

Das Gebiet nördlich und östlich von Furth wurde nach 1796 besiedelt. Die Initiative ging von der damaligen kurfürstlich-bayerischen Regierung aus, welche die staatlichen und gemeindlichen Gründe an privat verkauft hatte. Vorher haben die Schafberger und Daberger Fluren den Furthern zum Teil als Weidefläche gedient. Von der Stadt aus läuft die Hochstraße zum Schafberg, um dann die bewaldeten Ausläufer des Čerkov und über die Talenge von Folmava den Pass von Česká Kubice zu erreichen. Von hier aus zieht der Weg zu den böhmischen Zentren Domažlice, Plzeň (Pilsen) und Prag. Zahlreiche Funde aus dem Mittelalter belegen, dass dieser Völkerweg nach Böhmen schon über Jahrhunderte bestanden hat. Nach den Hussitenkriegen wurden andere Übergänge bevorzugt, so dass die Hochstraße zunächst zu einem Feldweg verkam. Erst nach der Grenzöffnung 1989/90 bekam die Hochstraße eine touristische Bedeutung. Das Dorf Folmava gehörte ursprünglich zu Bayern. Erst nach der Grenzregulierung von 1764 bis 1766 fiel es an Böhmen. Es besteht aus zwei Teilen, die einen halben Kilometer entfernt voneinander liegen. Im

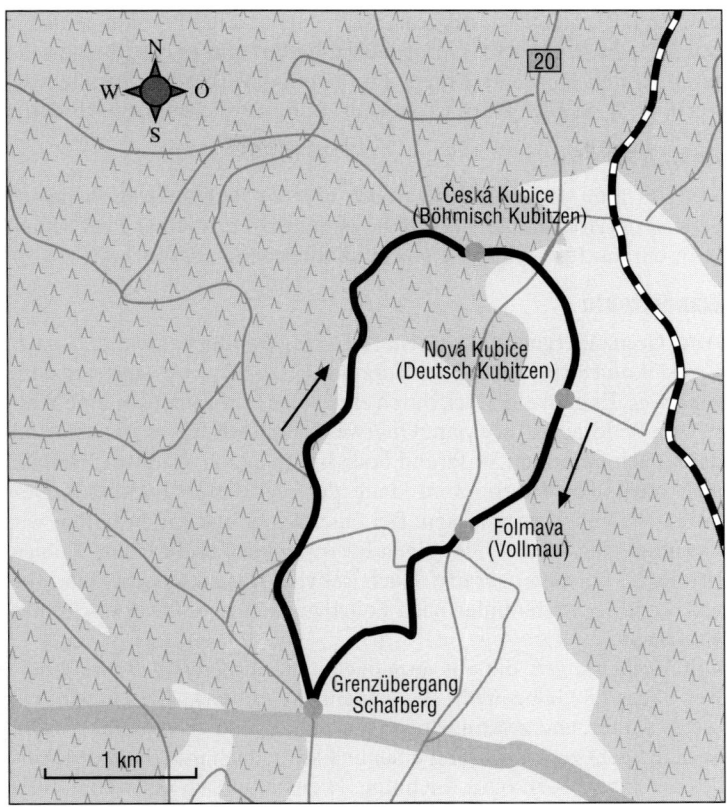

oberen Ortsteil steht die spätbarocke Kirche St. Anton von Padua aus
dem Jahre 1797. Der angeschlossene Friedhof ist aufgelassen. Vor der
Kirche steht eine Nepomukstatue. Durch den Ort führte, wie Funde
aus der Bronzezeit und sogar römische Münzen belegen, die uralte
Handelsstraße. Das gilt auch für die Orte Babylon und Česká Kubice.
In dem Namen Kubice spiegelt sich die Bezeichnung des Flusses
Chamb (tschechisch Kouba) wider. Der Ort fand erstmals 1697 Er-
wähnung. Im 19. Jh. wurde versucht, die Gemeinde für den Fremden-
verkehr attraktiver zu gestalten, und so wurde sie wie Babylon zu ei-

nem stark besuchten Luftkurort. 1896 entstand die Pension „Krásno horská", die heute noch in Betrieb ist. Im Ort gibt es eine Reihe weiterer Restaurants und Hotels. Die heutige Verbindungsstraße von Furth im Wald nach Plzeň ist als Umgehungsstraße angelegt worden.

Anfahrt

Von Furth im Wald, gegen Ortsende von der B 26 links abzweigend, geht es zur Hochstraße und auf dieser zum Grenzübergang am Schafberg, der nur für Fußgänger und Radfahrer benutzbar ist.

Wanderroute

Am **Grenzübergang Schafberg** gibt es Wanderwegschilder nach *Česká Kubice* (6,5 km). Die *Markierung* ist *blau*, wir sind auf dem *Baierweg*. Es geht ein Stück durch eine Allee und dann über eine Wiese zum Waldrand. Auf einem Querweg halten wir uns erst rechts und dann nach links zum Waldrand hoch bis zu einem Waldweg, bleiben aber rechts am Waldrand im Hang, der rechts zum Tal abfällt. Der Weg ist ziemlich verwachsen. Bei einer Richtfunkstation halten wir uns im spitzen Winkel links einen Forstweg hoch und wir sind Kubice bereits 2,5 km näher gerückt. Nach Babylon wären es noch 9 km. Wer will, kann rechts hinunter nach Folmava absteigen. Das sind 1,5 km Entfernung.

Die *Markierungen*, die uns jetzt begleiten, sind *blau*, *gelb* und *grün*. Bei nächster Gelegenheit, bei einem Wegdreieck, halten wir uns rechts weiter, und zwar nur noch der *blauen* und *gelben Markierung* nach. Es geht zum Waldrand hoch und schließlich innerhalb des Waldes aufwärts bis zu einer Lichtung. Hier bietet sich ein weiter Ausblick auf den Osser. Wir gehen nun nordwärts. Bei einer Dreieckkreuzung halten wir uns rechts weiter, verlassen also den befestigten Forstweg und folgen einem grasigen Waldweg, zunächst eben und dann im Rechtsbogen bergab. Wir durchwandern einen flachen Hang, kommen zu einem Wegabzweig und gehen rechts zu einem Wegdreieck. Erneut halten wir uns rechts in den Talboden hinunter zu einer Querstraße, hier rechts aufwärts, wobei wir die *Staatsstraße 26* überqueren. Im Wald hört der befestigte Weg auf. Die *Markierung* ist *gelb*, *blau* und *rot*, und wir kommen nach einem Waldstreifen nach **Česká Kubice** hinein.

Hier erreichen wir eine Vorfahrtsstraße. Links ginge es nach Babylon, rechts nach Folmava. Wir gehen noch geradeaus und zweigen erst bei einem Kriegerdenkmal rechts ab, der *blauen Markierung* nach, und verlassen den Ort, kommen im Linksbogen zu einzelnen Häusern hinunter – den Häusern von **Nová Kubice**. Nach diesen Häusern durchqueren wir ein Waldstück. Der Weg verzweigt sich, wir gehen nicht links in die Lichtung, sondern rechts in den Wald und kommen steil aus dem Wald heraus zu den Häusern von **Folmava**. Im Linksbogen geht es an einer Busch- und Baumreihe entlang immer bergab durch eine Allee. Vor dem Club Rosengarten, es gibt hier mehrere Clubs, halten wir uns rechts hinunter. Wir sind an einer Kreuzung mit verschiedenen Hinweisschildern. Im Linksbogen gehen wir ins Tal hinunter, kommen zu einem Wegabzweig, halten uns links der *gelben Markierung* nach und folgen dem Bachlauf. Hier bleiben wir auf unserer Seite, bis zu einem Querweg. Dann gehen wir rechts über die Bachbrücke und befinden uns auf dem betonierten Doppelstreifen des ehemaligen Grenzzaunes. Dem folgen wir steil hinauf mit weiten Rückblicken ins Tal, gehen zum Waldrand und links zum Fußübergang an der Hochstraße zurück.

Wanderkarte
Fritsch Wanderkarte Nr. 56 „Naturpark Oberer Bayerischer Wald, Böhmerwald"

Weitere Auskünfte
Fremdenverkehrsamt, Schlossplatz 1, 93437 Furth im Wald
Touristinformation, Burgstraße 1, 93437 Furth im Wald

11 Über den Fuchsberg zur St. Bernhard-Kapelle

Die Wege auf dieser Route sind sehr unterschiedlich. Bis zum Fuchs-berg und darüber hinaus leitet uns ein befestigter Weg. Über einen Hangpfad geht es in den Wald und zu St. Bernhard und dann auf wech-selhaft instand gehaltenen Waldwegen zurück nach Rothenbaum, wo sich der Kreis schließt. Auf dem letzten Stück sind die Wege gut.

Anfahrtsorte: BRD: Neukirchen b. Hl. Blut
Ausgangspunkt: Grenzübergang (für Wanderer) Hofberg
Länge: 14 km
Gehzeit: 4 Stunden
Anstieg: 150 m

Grenzübergang Hofberg – Přední Fleky (Vorderflecken) – Červené Dřevo (Rothenbaum) – Liščí (Fuchsberg) – sv. Bernhard (St. Bern-hard-Kapelle) – Červené Dřevo – Přední Fleky – Grenzübergang Hofberg

Über den Fuchsberg zum Fuße des Plattenberges

Der Markt Neukirchen bei Heilig Blut liegt am Fuße des Hohen Bo-gen, einer touristischen Attraktion besonderer Art. Der Ort ist aber auch Ziel vieler Wallfahrer, die zur Neukirchener Madonna pilgern, die über dem Tabernakel der Kirche angebracht ist. Sie ist 1400 im böhmischen Loužim geschnitzt worden und immerhin 78 cm groß. Man hat sie aus Furcht vor den Hussiten 1419 hierher in Sicherheit gebracht. In Loužim war für sie eine Kapelle gebaut worden, weil man dort einen geheimnisvollen Hostienfund gemacht hatte. Ein Hussit warf die Statue in einen zehn Meter tiefen Brunnen, aber sie schweb-te wieder an ihren Platz zurück, und auch ein zweites und ein drittes Mal. Der Hussit zog den Säbel, um die Statue zu spalten. Da sah er frisches Blut herausfließen. Daher der Name „Zum heiligen Blut".

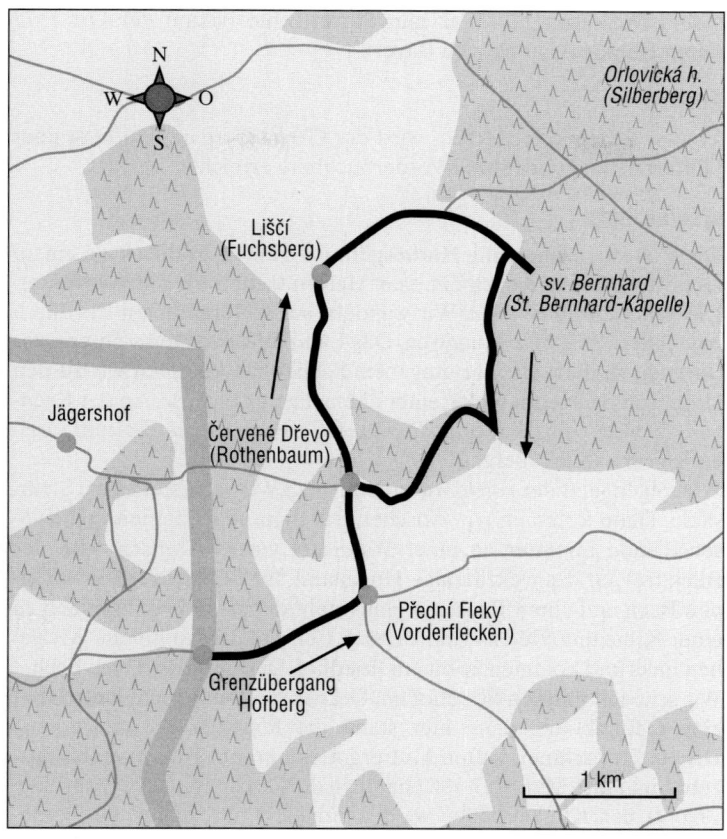

Vor Entsetzen wollte der Mann davonreiten, aber sein Pferd kam nicht vom Fleck. Der Soldat ging in sich, wurde bekehrt und der erste Wallfahrer zum Heiligen Blut. Die Franziskaner aus Cham bauten 1459 ein Kloster und eine kleine Kirche. Heilig Blut wurde die zweitgrößte Wallfahrt Bayerns.

Der Ort selber ist aber schon älter. Es war das Jahr 1000, als Salzhändler auf dem Deutschen Steig über Rittsteig nach Böhmen zogen. Damals entstand eine Siedlung mit dem Namen Walching. Der Name

Neukirchen kam 1224 auf, und Marktrechte bekam der Ort 1377 durch Herzog Albrecht von Bayern.

Anfahrt

Von Neukirchen b. Hl. Blut wird der Grenzübergang Hofberg über Hinterbuchberg oder über Vorderbuchberg erreicht.

Wanderroute

Der **Fußgängerübergang Hofberg** führt zu einem Waldeck, an einem Gehöft vorbei, und nach ein paar Metern treffen wir auf Wegweiser. Die *Markierung* ist *grün*. Wir wandern am Waldrand ostwärts durch eine Allee. Es ist ein Hangweg. Das Land fällt nach links ab und wir sind von sanften Hügeln umgeben. Schließlich kommen wir zu den Häusern von **Přední Fleky**, einer ehemaligen Kolchose. An der Kreuzung geht es links weiter in *Richtung Červené Dřevo*. Bis zum Ortsende geht es leicht bergauf.

Wir folgen jetzt der *roten Markierung*. Am Wegrand steht eine Steinsäule. Dann kommen wir zwischen Büschen und Bäumen und Wiesengelände hinunter an einer Waldinsel vorbei. Danach wird der Blick frei auf das weiträumige Hügelland. Im Tal unten sehen wir einen Bach und einen Teich, ein Haus steht dabei, und wir kommen zu einer Kreuzung. Rechts geht es nach Červené Dřevo hinein. Wir gehen links und kommen zu einem Friedhof. Der Ort liegt 536 m hoch.

Wir schauen uns den Friedhof an. Gräber sieht man nicht mehr, aber eine Gedenktafel, denn hier stand die Pfarrkirche von Červené Dřevo „Zur schmerzhaften Muttergottes", erbaut 1676 bis 1680, ausgebrannt am 3. Mai 1953. 1957 hat man die Kirchenmauern gesprengt, 1990/91 den Kirchenboden wieder freigelegt und später die Fundamente restauriert.

Unser Weiterweg führt auf dem befestigten Fahrweg nach Norden. Im Bogen geht es bei schöner Aussicht steil hinunter in einen Talboden. Wir kommen durch ein Bachtal, überqueren den Bach, dann steigt der Weg an. Nach einer Anhöhe kommen wir erneut in ein Bachtal, und vorab sehen wir die Häuser von Lišči. Nach dem Talboden geht es wieder bergauf, nach etwa 200 m rechts ab, weiter bergauf zu den Häusern von **Lišči**. Dichte Büsche und Unterholz befinden sich beiderseits der Straße und es gibt bei einem verfallenen Haus eine

Bushaltestelle. Der Ausblick ist weiträumig. Vorbei an einzelnen Häusern erreichen wir das Ortsende. Weit reicht von hier der Blick vor allem nach Süden. Dann zweigen wir rechts ab in Richtung Kapelle St. Bernhard, die auch Bärenkapelle genannt wird. Wir gehen oberhalb eines Hauses auf einem buschbestanden Hangweg. Dieser Höhenweg bietet eine wunderbare, weiträumige Aussicht. Wir halten uns südöstlich auf den Waldrand zu und kommen innerhalb des Waldes zu einer Dreieckkreuzung und zur *roten Markierung*. Sie kommt von Osten und führt südwärts. Eine weitere Kreuzung nimmt uns auf.

Wer zur „St. Bernhard" will, muss der *gelben Markierung* ostwärts folgen, bis auf einer Kuppe eine *Markierung gelber Balken* rechts zur St. Bernhard-Kapelle hochführt. Wir gehen dann wieder zurück zur Kreuzung, hier links weiter und bei der nächsten Kreuzung ebenfalls links. Es ist ein Hangweg. Auf der rechten Seite fällt das Land ab. Durch die Bäume sieht man auf Weideland. Dann wird es steil. Wir folgen in Waldrandnähe der *roten Markierung* und dort, wo der Blick richtig frei wird, also das Weideland direkt an den Wegrand reicht und man auf den Ort Liščí und auf die Hügel dahinter sieht, biegen wir rechts weg in einen verwachsenen, undeutlichen Waldweg. Wir bleiben in der Nähe des Waldrandes. Es wird steil, der Weg ist verwachsen und schlecht zu gehen und knickt plötzlich nach Westen ab, dann wieder nach Süden, aber jetzt sind wir bereits in Talnähe. Wir kommen aus dem Wald heraus und zu den Häusern von **Červené Dřevo**, einer ehemaligen Kolchose, und dann zu unserem befestigen Weg, der uns von Přední Fleky hergeleitet hat. Zurück geht es also auf dem Herweg Richtung Grenze.

Wanderkarte
Fritsch Wanderkarte Nr. 56 „Naturpark Oberer Bayerischer Wald, Böhmerwald"

Weitere Auskünfte
Verkehrsamt Neukirchen b. Hl. Blut, Marktplatz 10, 93453 Neukirchen b. Hl. Blut

12 Von Putzenried zum „Guten Wasser"

Die Route verläuft durchwegs auf guten Wegen, die zu jeder Jahreszeit und nahezu bei jedem Wetter begehbar sind. Viele Aussichtspunkte und Sehenswürdigkeiten machen die Wanderung zu einem unvergesslichen Erlebnis.

Anfahrtsorte: BRD: Rittsteig / CZ: Pocinovice
Ausgangspunkt: Ortskirche von Pocinovice
Länge: 12 km
Gehzeit: 3 Stunden
Anstieg: 50 m

Pocinovice (Putzenried) – Běhařov – Miletice – Libkov – Dobrá Voda (Gutwasser) – Pocinovice

Unterm Berg der heiligen Margarethe

Pocinovice ist das westlichste und das größte der Chodendörfer an der Grenze zwischen dem Landkreis Domažlice (Taus) und dem Landkreis Klatovy (Klattau). Die ersten Urkunden über den Ort gehen, wie bei den übrigen Chodengemeinden, auf das Jahr 1325 zurück, und die Ortsbauern gehörten zur radikaleren Gruppe der Chodengemeinschaft. Während des Aufstandes 1693 kam es hier zu offenen Zusammenstößen zwischen den Ortsbewohnern und den Dragonern, die vom Bezirkshauptmann Friedrich Hora von Ocelovice angeführt wurden. Am 15. Juli des Jahres wurde der Ort von den Soldaten eingeschlossen, und als die Bauern auf Pferden die Belagerung durchbrechen wollten, gab es sogar Tote. Aufzeichnungen zufolge sollen die Bauern vor allem von ihren Frauen gegen die Obrigkeit aufgehetzt worden sein.

Auf dem großen Dorfplatz hat man an der Stelle der ursprünglichen Holzkapelle in den Jahren 1805 bis 1806 die St. Annakirche gebaut. Im Ort gibt es noch ein paar gut erhaltene hölzerne Bauernhäuser, so genannte „Waldlerhäuser" aus dem beginnenden 19. Jh. Vom Ort

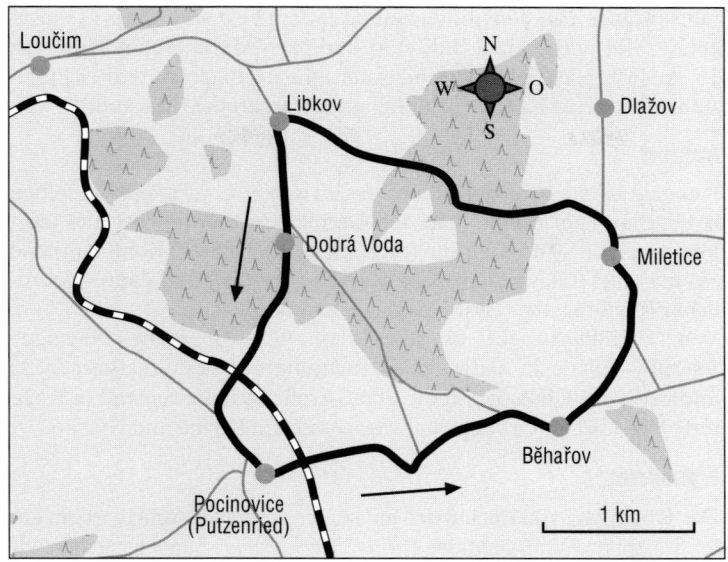

führt ein Stationenweg zur Waldkapelle Dobrá Voda. Die Wallfahrt selbst geht auf das 17. Jh. zurück. Nach einer Sage hat einmal in den Wäldern bei einem Brunnen ein Marienbild gehangen. Nicht weit davon weideten Pferde. Eine alte blinde Stute verlief sich im Wald in Richtung Quelle und rutschte mit den vorderen Füßen hinein. Das Wasser, das aus der Quelle spritzte, gab der Stute das Sehvermögen gerade in dem Augenblick zurück, als ihr der Hirte zu Hilfe eilen wollte. Die Nachricht von dem Wunder hat sich in kurzer Zeit verbreitet. Zur Quelle wanderten Scharen von Gläubigen, um sich von dem guten Wasser heilen zu lassen, und seit dieser Zeit hat man beim Brunnen eine hölzerne Kapelle errichtet, die später gemauert wurde. Am 9. Juni 1872 wurde dann der Grundstein zu einer neuen Kapelle gelegt, die am 13. Oktober 1873 fertig gestellt wurde. Die kleine hölzerne Kapelle, die direkt oberhalb der Quelle stand, ist 1908 abgebrannt. An ihrer Stelle wurde eine neue Kapelle, ein einfacher rechteckiger Bau, errichtet. Die Hauptwallfahrt zu Dobrá Voda wird nach dem Fest der sieben Schmerzen Mariens durchgeführt. Weitere Wallfahrten finden an den Sonntagen nach dem Fest von Maria Heimsuchung, also nach dem 2. Juli, statt und nach Maria Himmelfahrt am 15. August. Nicht weit von hier, auf einem Hügel weithin sichtbar, steht eine kleine Kapelle „Zur heiligen Margarethe (Markéta)".

Anfahrt

Rittsteig ist ein Grenzort, halbwegs zwischen Lam und Neukirchen b. Hl. Blut. Hier nimmt man den Grenzübergang für Pkw und fährt über Gaishof, Svatá Kateřina (St. Katharina), Uhliste (Kohlheim) und Skelná Hut' (Glashütten) nach Nýrsko (Neuern) und dann in nördlicher Richtung über Bystřice nach Pocinovice.
Von Eschlkam geht es über den Grenzübergang Neuaign–Všeruby–Kdyně in südöstlicher Richtung auf der Staatsstraße 22 und bei Nové Chalupy auf die Staatsstraße 192 abzweigend in Richtung Nýrsko. Der Ort liegt halbwegs zwischen Kdyně und Nýrsko.

Wanderroute

Der Kirchplatz von **Pocinovice** mit seiner hübschen Anlage ist ein guter Startplatz. Wir folgen der *grünen Markierung*. Zunächst gehen wir ein Stück auf der Ortsdurchfahrtsstraße und biegen dann nach der Kirche links zum Restaurant „U Jiřího". Hier finden wir auch Wanderwegtafeln und eine Wanderwegkarte. Wir kommen an eine Bahnlinie, gehen bergauf über die Gleise und weiter über eine Allee aufwärts. Ein Friedhof bleibt rechts liegen, und je höher wir kommen, umso weiter wird die Aussicht. Wir sind auf einem Höhenweg und, wo der Weg einen Linksbogen macht, geht es geradeaus weiter. Rechterhand sieht man den kleinen Ort **Běhařov** mit der hübschen Kirche und dem Schloss. Wir folgen, im Rechtsbogen am Friedhof vorbei, dem Weg in den Ort hinunter. Das Schloss am Kirchplatz hat schöne Figuren vor dem Bau und ein schmiedeeisernes Gitter als Eingang.
Im Ort verläuft der Weg bergab zwischen einstöckigen Häusern, vorbei an einem Weiher, und gegen Ortsende halten wir uns geradeaus weiter, passieren bergauf eine Kolchose und sind wieder auf einer Obstbaumallee mit weiter Aussicht über das flachwellige Land. Bei der Vorfahrtsstraße halten wir uns an einer Steinsäule links hinunter zum Weiler **Miletice**. Am Ortsende geht es links weg in *Richtung Libkov*. Es ist ein einspuriger befestigter Weg. Rechts sieht man auf

einem Hügel die Kapelle zur heiligen Margarethe. Unser Weg führt durch dichtes Baum- und Buschwerk. Dahinter sind Felder. Nach links fällt das Land ab, nach rechts steigt es zu dem Kapellenhügel an. Dieser Streckenteil ist nicht markiert. Wer will, kann einen Abstecher zur Kapelle machen. Es sind nur noch 150 m hinauf.

Wir wandern dann ein Stück am Waldrand entlang und nach **Libkov** hinunter zu einer Vorfahrtsstraße. Hier stoßen wir auf eine *grüne Markierung*. Wir halten uns links bergauf. Wir sehen wieder die Margarethenkapelle, kommen zu einem Waldstück und zum Waldrand. Hier stehen Sendemasten. Dann zweigt die Markierung rechts hinunter und wir erreichen **Dobrá Voda**, die hübsche barocke Kapelle mit dem Brunnenhaus daneben. Vor den Kapellen sind Tische und Bänke aufgestellt. Hier gibt es auch Wegweiser, nach Pocinovice führt uns der *grüne Balken* in 2 km.

Ein breiter Forstweg geht steil hinunter, an einem Stationenweg entlang. Die Bilder selbst sind allerdings hinter einem Türchen verschlossen. Das ist ungewöhnlich, wie das Kreuz bei den Kapellen, das nur einen Christuskopf anstelle der Christusfigur trägt. Links des Forstweges verläuft in einigem Abstand ein Graben und dahinter eine Baumreihe, die zu den Feldern abgrenzt. Bei der sechsten Station kommen wir zum Waldrand, gehen über eine Grabenbrücke und dann links am Waldrand hinunter. Es ist ein wunderhübscher Weg, von mächtigen Linden gesäumt und von Buschwerk begleitet. Schließlich erreichen wir das Feld. Am Ende des Stationenweges gehen wir durch die Bahnunterführung und dann durch einen Hohlweg, der dicht mit Büschen und Bäumen bestanden ist und von einem Graben begleitet wird, zu den ersten Häusern von **Pocinovice**. Jetzt halten wir uns rechts auf einem Schotterweg zur Fahrstraße und auf dieser links weiter zur Kirche zurück.

Wanderkarte

Fritsch Wanderkarte Nr. 56 „Naturpark Oberer Bayerischer Wald, Böhmerwald"

Weitere Auskünfte

Tourismusbüro Kdyně, Náměstí 131, CZ 34506 Kdyně

13 Auf den böhmischen Silberberg

Eine etwas lange Wanderung, zum großen Teil auf guten Wegen, aber vor allem im Wald steil aufwärts. Sie ist zu jeder Jahreszeit und nahezu bei jeder Witterung zu gehen. Man kann einen Abstecher auf den 719 m hohen Silberberggipfel machen.

Anfahrtsorte: BRD: Rittsteig / CZ: Nýrsko
Ausgangspunkt: Östliches Ortsende von Nýrsko
Länge: 18 km
Gehzeit: 5 Stunden
Anstieg: 200 m

Nýrsko (Neuern) – Hadrava (Hadruwa) – Orlovice (Silberberg) – Chudenín (Chudiwa) – Nýrsko

In den Waldhöhen über Nýrsko

Die Stadt im Tal der Úhlava (Angel) entstand nach 1327 an einer Furt auf dem Handelsweg von Bayern unterhalb der Burg Pajrek. Nýrsko wird als Markt bereits 1554 erwähnt. Im 19. Jh. war es Mittelpunkt der Blaudruckproduktion, später der Optikindustrie. Zur industriellen Entwicklung trug der Bau der Eisenbahnlinie von Plzeň (Pilsen) ins Bayerische bei. Die gotische Kirche zum heiligen Thomas stammt aus dem Jahre 1352. Das Rathaus auf dem Marktplatz ist ein früh-barocker Bau, entstanden 1684, und hat einen bemerkenswerten Giebel. Außerhalb der Stadt gibt es einen jüdischen Friedhof, der 1430 angelegt worden ist. Auf dem eigentlichen Friedhof von Nýrsko gibt es ein Massengrab von 112 Opfern eines Todesmarsches aus dem Zweiten Weltkrieg.

Der Ort Orlovice wurde 1710 an der Stelle einer alten Bergarbeiter-kolonie gegründet. 1680 waren Bergarbeiter aus dem Erzgebirge hierher gekommen, nachdem die Herren von Lamingen die Eisenerz-förderung am Berg bereits 1652 begonnen hatten. Das Erz wurde zu den Eisenwerken in Pec pod Čerchovem transportiert. 1757 hatte

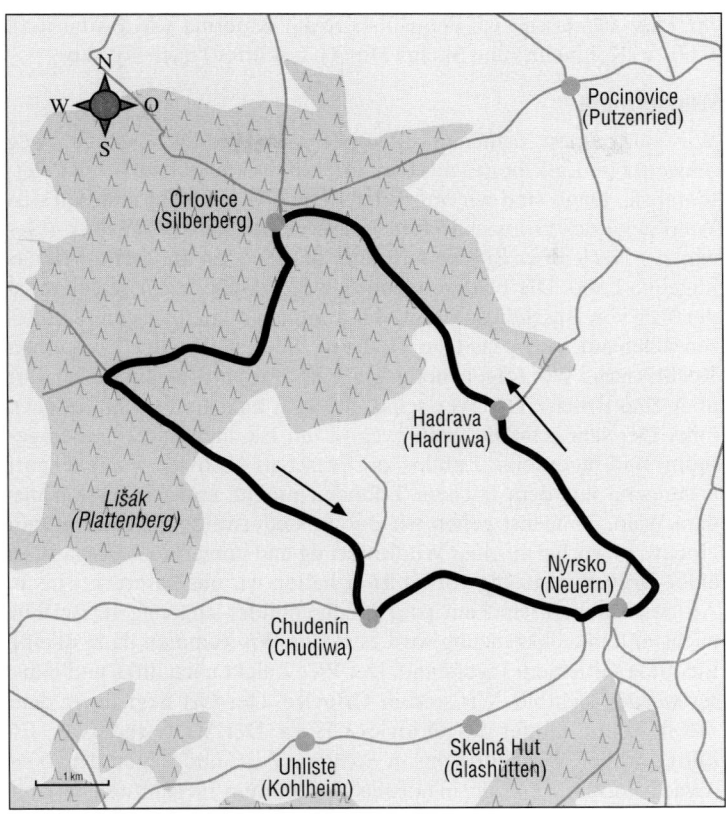

Orlovice sechs Wirtschaftsgebäude, 1930 21 Höfe mit 108 Einwohnern, 1991 waren es nur noch sieben Gebäude und 25 Bewohner. Am Forsthaus von Orlovice befindet sich das Wappen der Herren von Stadion. Der Fluss Chamb entspringt am Silberberg. Das Gebiet um den Gipfel des Jezvinec steht unter Naturschutz.

Anfahrt

Vom Grenzort Rittsteig, der halbwegs zwischen Lam und Neukirchen b. Hl. Blut liegt, kommt man zum Grenzübergang Gaishof, der auch für Pkw zugelassen ist, dann über Svatá Kateřina (St. Katharina), Uhliste (Kohlheim) und Skelná Hut' (Glashütten) nach Nýrsko.

Wanderroute

Wir starten am östlichen Ortsende von **Nýrsko**. Der Fahrweg schwenkt im Linksbogen aus dem Ort hinaus und passiert eine Palettenfabrik. Dann sind wir auf freier Ebene. Vorab sieht man auf den Waldhügel des Orlovická Hora (Silberberg) und des Jezvinec (Gewintzy). Nach einer Brücke schwenkt der Weg hin und her durch das hügelige Land. Die Felder ziehen sich die Hänge hoch. Teilweise ist der Weg von Büschen gesäumt. Wir kommen dann über einen größeren Bachlauf und passieren **Hadrava**. Hier macht der Weg einen Rechtsknick. Wir folgen der *blauen Markierung*, kommen im Ort über eine Brücke. Der Weg schwenkt nach links und nochmals nach links. Der sehr schmale Weiterweg ist mit Bäumen und Büschen gesäumt und bietet eine Zufahrt zur Ortschaft Orlovice. Es geht sanft ansteigend aus dem flachem Talboden hinauf, und wir nähern uns dem Wald. Zunächst gehen wir durch Niederwald und dann in den Hochwald, vorbei an einer Wildfütterung und immer noch bergauf, an einer Dreieckkreuzung vorbei. Hier halten wir uns halbrechts hoch. An den Bäumen sind ein paar Heiligenbilder angenagelt. Bei der nächsten Dreieckkreuzung wird es steiler. Wir kommen dann in eine Lichtung mit einem Jägerstand. Der Weg knickt nach links und Häuser werden sichtbar. Wir sind in **Orlovice**. Der Ort liegt unter dem 716 m hohen Gipfel des Orlovická Hora. Der Weitwanderweg E6 führt vorüber. Wir halten uns in *Richtung Liščí* und folgen der *roten* sowie *gelben Markierung* in nördlicher Richtung. Es geht steil bergauf in den Wald hinein, an ein paar umzäunten Grundstücken mit Hütten vorbei. Wer will, kann den Gipfel des Silberberges besteigen. Es gibt auch einen Anstieg zum Jezvinec (739 m). Wir befinden uns in einem Naturschutzgebiet.

Unser Weg führt unterhalb dieser Gipfel vorbei, zu einer Gruppe von Hütten, die eingezäumt sind. Unser Hangweg hat eine *rote Markierung*. Dann geht es hinunter auf einer Art Forststraße. Nach links fällt das Land ziemlich steil ab. Eine Dreieckkreuzung nimmt uns auf. Es geht geradeaus weiter, wieder über eine kleine Anhöhe und durch eine Senke mit einer Wildfütterung. Wir gehen bergauf, etwas steiler über eine Anhöhe im Mischwald, also zunächst immer auf und ab. Dann macht der Weg einen deutlichen Rechtsknick. Wir kommen über eine Kreuzung und wandern steiler hinunter. Der Weg verläuft etwas erhöht zwischen zwei Gräben. Die Richtung ist im Wesentlichen Westen. Beim Hang unter dem Jezvinec wird die Aussicht frei, vor allem westwärts. Schließlich kommen wir hinunter zum Waldrand. Man sieht Häuser und mit Busch- und Baumgruppen durchsetzte Weiden. Dann kommen wir zu einer Straßenkreuzung.

Die *rote Markierung* führt geradeaus weiter. Wir halten uns links, von der Markierung weg und langgezogen bergab, zunächst durch dichten Niederwald, dann über eine kleine Brücke und in Stufen abwärts und aus dem Waldbereich hinaus. Die Sicht wird umfassend auf die sanft gefaltete Höhenlandschaft. Der Wald tritt zurück. Wir kommen zu einem See, gehen am Ufer weiter und erreichen den kleinen Ort **Chudenín**. Wir gehen in den Ort hinein über eine Brücke. Beim Feuerwehrhaus biegt der Weg nach links, und gegen Ortsende macht er nochmals einen starken Linksknick. Wir verlassen den Ort in östlicher Richtung. Weit reicht der Blick ins Land und eben geht es über eine Brücke. Vor uns liegt Nýrsko. Wir kommen nach **Nýrsko** hinein, erneut über eine kleine Brücke. Der Talboden hier ist von vielen Wasserläufen durchzogen. Dann erreichen wir eine Stoppstraße und halten uns links. Beim Feuerwehrhaus gehen wir nochmals nach links ab. Hinter dem Feuerwehrhaus befindet sich vor einer Fabrik ein Markt, und eine Reihe von Garagen sind zu sehen. Der Fahrweg schwenkt halblinks ab, an Häusern vorbei, und wir sind am Ausgangspunkt am östlichen Ortsende.

Wanderkarte
Fritsch Wanderkarte Naturpark Nr. 56 „Oberer Bayerischer Wald, Böhmerwald"

Weitere Auskünfte
Verkehrsamt Neukirchen b. Hl. Blut, Marktplatz 10, 93453 Neukirchen b. Hl. Blut

14 Stauseerunde bei Nýrsko

Der erste Teil des Weges ist anstrengend und verlangt durch den großen Höhenunterschied Kondition, allerdings sind die Wege überwiegend gut. Der zweite Teil wird von vielen Radfahrern frequentiert, es gibt kaum mehr Höhenunterschiede. Die Wege sind nun hervorragend und die Route ist zum großen Teil aussichtsreich. Weil es sich bei dem See um einen Trinkwasserspeicher handelt, sind die Ufer durch Zäune versperrt.

Anfahrtsorte: BRD: Rittsteig / CZ: Stará Lhota
Ausgangspunkt: Parkplatz am nördlichen Ende des Stausees
Länge: 15 km
Gehzeit: 4 Stunden
Anstieg: 300 m

Parkplatz bei Stará Lhota (Freihöls) / Vetrov (Angelwehr) – Svatý Jan (St. Johann-Kapelle) – Matějovice (Mottowitz) – Křížový vrch – Zelená Lhota (Grün) – Hamerský – Gúbrův Dvorec (Gruberhof) – Na Lesní Louce (Waldwieshäuser) – Vetrov (Angelwehr) / Parkplatz bei Stará Lhota (Freihöls)

Auf den Höhen rund um den Trinkwasserspeicher

Die kleine Stadt Nýrsko mit fünftausend Einwohnern liegt am Rande des Landschaftsschutzgebietes Böhmerwald im Bezirk Klatovy (Klattau). Zu den Sehenswürdigkeiten des Ortes gehören die gotische Kirche aus dem 14. Jh., aber auch das barocke Rathaus, das 1684 entstanden ist, und der 1430 angelegte jüdische Friedhof.

Anfahrt

Die Zufahrt aus Deutschland erfolgt über Rittsteig, Grenzübergang Gaishof. Von hier fährt man über Svatá Kateřina (St. Katharina), Uhliste (Kohlheim), Skelná Hut' (Glashütten) und Nýrsko (Neuern) weiter über Milence (Millek) nach Stará Lhota (Freihöls).

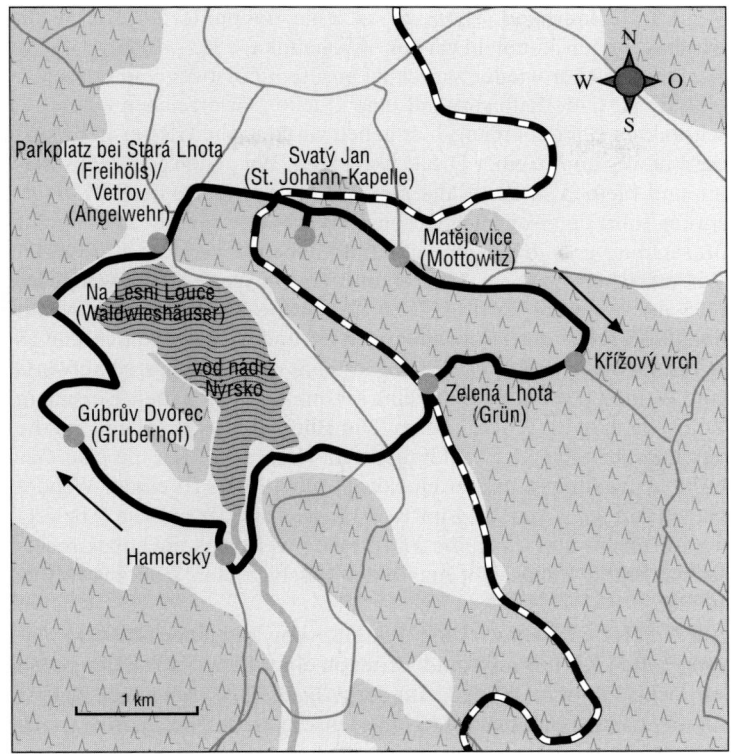

Wanderroute

Vom Parkplatz über der Staumauer gehen wir ein Stück in *Richtung Nýrsko* (Neuern) bis zum Waldende. Hier zweigt rechts ein Feldweg hoch, der zunächst dem Waldrand folgt. Beschildert ist *Matějovice (Mattowitz)*. Die *grüne Markierung* leitet uns am Waldrand aufwärts und schließlich zwischen die Bäume. Es bleibt steil und wir gehen in östlicher Richtung. Bald tritt der Wald zurück. Man sieht hinter Baum- und Buschgruppen eine Fabrik, nach einem Wildzaun erreichen wir einen Forstweg. Von hier bietet sich ein weiter Ausblick über die Täler und die Höhen. Es ist ein schöner Hangweg innerhalb des

Waldes. Rechterhand sehen wir auf eine Bahnunterführung. Wenn wir durchgehen, kommen wir zur St. Johannkapelle.

Wir müssen aber wieder zurück zu unserem Forstweg und erreichen eine Bank. Unterhalb sprudelt eine Quelle. Wir erreichen einen beschrankten Bahnübergang, hier gehen wir über die Gleise. Steil führt der Fußweg nun zu einer Dreieckkreuzung. Wir gehen geradeaus weiter und bleiben in der Nähe des Waldrandes. Bei einem Waldvorsprung führt der Weg nach Dešenice. Wir bleiben geradeaus, nun der *Markierung gelb* und *grün* nach. Bald haben wir wieder freie Sicht. Wir erreichen ein paar Häuser und eine Kapelle. Bei **Matějovice (665 m)** verzweigt sich der Weg. Die grüne Markierung schwenkt links weg. Es ist der Fernwanderweg E6 und nach Děpoltice sind es 3,2 km. Wir folgen der *gelben Markierung* rechts hoch, steil aufwärts zum Waldrand, wo wir wieder eine schöne Aussicht haben. Bei einem Wildzaun wird die Route ebener. Der Blick ist frei ins Tal und auf die dahinter aufsteigenden Waldhügel. Am Hang sehen wir ein paar Gehöfte, wir kommen in den Hochwald hinein und zu einem Wendeplatz. Bald steigt der Weg im Rechtsbogen wieder an. Ein Abzweig wird erreicht, und die *gelbe Markierung* weist uns nochmals rechts steil aufwärts. Links sieht man einen geschichteten Wall aus Natursteinen.

Auf der Höhe finden wir eine Wildfütterung. Bei einer Dreieckkreuzung halten wir uns links und weiter zu einer Fahrstraße. Hier gehen wir rechts hinunter. Wir sind auf der *grünen Markierung* nach Zelená Lhota (1,5 km) und Hamry (6 km). Unsere Stelle heißt **Křížový vrch (803 m)**. Nun leitet uns das Fahrsträßchen bergab in Richtung Südwest. An einer großen Linkskurve zweigt die Markierung rechts weg in einen Pfad und steil in den Wald hinunter zu einem befestigten Fahrweg, der uns nach rechts aufnimmt und zum Waldrand leitet. Wir kommen steil zwischen eine Häusergruppe, dann nach einigem Hin und Her durch eine Schranke und sehen auf den Trinkwasserstausee. Weiter geht es steil hinunter, mit schöner Aussicht vor allem auf die barocke Kapelle neben Zelená Lhota, die dem heiligen Wolfgang geweiht ist und 1994 renoviert wurde. Bei der Kapelle gibt es einen Kirchhof mit alten Grabkreuzen und eine kleine Aussegnungskapelle. Schließlich erreichen wir die Fahrstraße und überqueren sie geradeaus zum Dorf **Zelená Lhota** hinunter.

Dann, bei einem alten Haus am Waldrand, schwenkt die *grüne Markierung* rechts ab, aus dem Ort hinaus und über eine Brücke, die über einen Seezufluss führt. Zum See selbst gibt es keinen Zugang, die Ufer sind durch einen Zaun versperrt. Durch dichtes Baum- und Buschwerk geht es weiter zu einer weiteren Brücke und nach **Hamry**. Hier schwenken wir nach rechts, Richtung Norden, und halten uns nordwestlich zum Waldeck. Hier teilen sich die Wege. Wir gehen geradeaus in den Wald hoch, und zwar westwärts. Linkerhand ist ein eingezäuntes Bauerngehöft. Aus unserem Weg wird ein Waldrandweg. Wir kommen zu einem weiteren Gehöft mit einer kleinen Kapelle. Der Ort hier heißt **Gúbrův Dvorec** und liegt 601 m hoch. Links am Hang sehen wir auf ein kleines Haus. Es geht durch eine Bachsenke. Der Weg verzweigt sich. Wir halten uns rechts zum Waldrand hoch. Ein quer verlaufender Weg nimmt uns rechts auf. Beschildert ist Přehrada (3 km). Gelegentlich blickt man auf die Wasserfläche des Sees, aber vor allen Dingen auf die Waldhügel dahinter. Bei den Waldwiesenhäusern, hier steht auch eine Kapelle, gibt es nochmal einen schönen Ausblick zum See. Unser Weiterweg ist von Bäumen und Büschen gesäumt, Steine begrenzen ihn, verbunden durch Metallseile. Nun gehen wir in den Wald hinein und sehen dann wieder auf den See. Schließlich erreichen wir eine Schranke und kommen zur Staumauer. Die Staumauer wird überquert, dann geht es links hoch zurück zum Parkplatz.

Wanderkarte
Fritsch Wanderkarte Nr. 56 „Naturpark Oberer Bayerischer Wald, Böhmerwald"

Weitere Auskünfte
Okresní úřad Klatovy Referát kultury, Plzeňská 90, CZ 33901 Klatovy

15 Zu den Schlössern von Bystřice und Veselí

Eine lange Wanderung auf sehr guten Wegen, die man zu jeder Jahres-
zeit und bei jeder Witterung gehen kann. Die Wege verlaufen überwie-
gend im lauschigen Tal der Angel.

Anfahrtsorte: BRD: Rittsteig / CZ: Nýrsko
Ausgangspunkt: Das Schloss von Bystřice
Länge: 15 km
Gehzeit: 4 Stunden
Anstieg: unbedeutend

Bystřice n. Úhl. (Bistritz an der Angel) – Petrovice (Petrowitz) –
Veselí – Dubová Lhota – Úborsko – Bystřice

Im Tal der Angel

Die Úhlava (Angel) entspringt im Bereich des Špičák (Spitzberg)
nördlich von Železná Ruda (Markt Eisenstein). Sie fließt von Südost
nach Nordwest in einem tief eingeschnittenen Talboden zunächst
parallel zur Verbindungsstraße vom Spitzbergsattel zum Trinkwasserspeicher südlich von Nýrsko. Jenseits des Tales verläuft eine Eisenbahnlinie, die den Špičák mit einem Tunnel unterquert. Die Angel
fließt durch den Speichersee, der bei Stará Lhota (Freihöls) aufgestaut ist. Sie nimmt dann ihren Lauf durch Nýrsko und an Bystřice
vorbei, wo sie sich bald in einem breiten Talboden mit der chodischen
Angel vereinigt und sich zusammen mit einem ganzen System von
Bachläufen nach Nordosten wendet. Sie nimmt weitere Zuflüsse auf,
passiert Klatovy (Klattau) nun in nördlicher Richtung, um schließlich
bei Plzeň (Pilsen) in der Berounka und mit dieser bei Prag in der
Moldau aufzugehen. Es ist ein sanfter Fluss in einer weitläufigen
Landschaft.

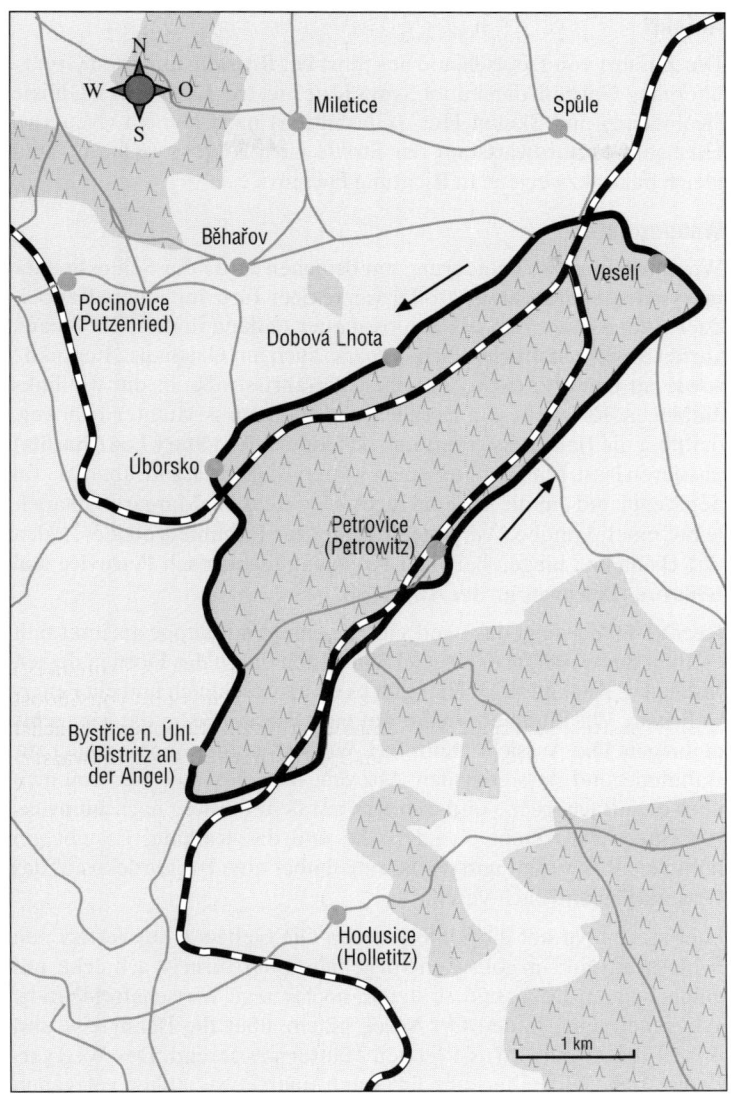

Anfahrt

Die Zufahrt von Deutschland aus führt bei Rittsteig über den Grenz-übergang Gaishof, dann über Svatá Kateřina (St. Katharina), Uhliste (Kohlheim) und Skelná Hut' (Glashütten) nach Nýrsko (Neuern). Hier geht es nordwärts auf der Straße nach Klatovy (Klattau) und gleich links abzweigend in Richtung Pocinovice.

Wanderroute

Wir starten unsere Wanderung am östlichen Ende der Schlossmauer in **Bystřice**. Hier steht ein großer viereckiger Turm mit einem Kuppel-dach. Wir wandern an der Schlossmauer entlang in den Ort hinauf, vorbei an dem stattlichen Schlosspark, auch am Gasthaus „Lesanka" sowie an der Ortskirche, zu einer Vorfahrtsstraße, in die wir links einbiegen. Es ist ein von Büschen und Bäumen gesäumter Fahrweg, der über die Bahngleise führt und den kleinen Ort **Starý Láz (Starlitz)** passieren lässt. Man hat hier einen weiten Blick ins Land, über das Tal der Angel und auf die kahlen Hügel. Man sieht die Margaretenkapel-le auf einer Anhöhe. Wir gehen parallel zur Bahnlinie, passieren den Ort **Osina** und biegen bei einer Kreuzung rechts nach **Petrovice nad Uhlavou (Petrowitz an der Angel)** ab.

Rechter Hand steigt das Land sanft zu einer Waldkuppe an, links fällt es ab in das weite Tal der Angel. Wir gehen durch das Dorf, in dessen Mitte eine Kapelle steht. Hier gibt es einen Löschteich und ein Feuer-wehrhaus. Wir kommen wieder auf eine Fahrstraße, in die wir rechts einbiegen. Die Aussicht bleibt frei. Wir sind immer noch parallel zur Bahnlinie und passieren den Abzweig nach Strážov. Wir kommen über eine Bachbrücke und wandern auf dem Fußweg nach **Janovice**. An einem Platz steht eine Kapelle und das Rathaus. Es gibt ein hübsches Restaurant und wir kommen über eine Bachbrücke auf das Ortsende zu und nach Veselí.

Hier stoßen wir auf die Schlossmauer. Die Gebäude des verfallenen Schlossbaus sind im gotischen Stil gehalten, der Turm ist achteckig mit einem spitzen Dach, und es stehen noch einige Wirtschaftsgebäude. Wir gehen dann in den Ort **Veselí** hinein, über die Bahngleise und danach leicht bergauf, die letzten Häuser passierend. Der Weg ver-zweigt sich. Wir halten uns links auf einer etwas höher gelegenen

Route mit schöner Aussicht, vor allen Dingen auf den Hügel mit der Margaretenkapelle. Unsere Richtung ist Südwest. Eine weitere Bachbrücke wird passiert und wir erreichen den kleinen Ort **Dová Lhota**. Auch hier steht im Ortszentrum eine kleine Kapelle. Dann spazieren wir bergauf aus dem Ort, wieder mit freier Sicht über das Land. Nach einer Bachbrücke steigt der Weg weiter an und wir erreichen den nächsten Ort **Úborsko**. Hier schwenkt der Weg nach links hinunter, vorbei an der Pension „U jandú". Nach dem Ortsende erreichen wir die Bahngleise, gehen geradeaus darüber auf eine Vorfahrtsstraße und gerade weiter. Dann erst schwenkt der Weg bei einer kleinen verfallenen Kapelle nach links und führt rechts über die *Chodská Úhlava*.

Wir passieren ein Waldstück, erreichen ein parkähnliches Gelände mit Büschen und Bäumen und kommen erneut über eine Bachbrücke mit einem Hohlweg. Links auf der Anhöhe steht die Kapelle der heiligen Dreieinigkeit in der Nähe einer Kolchose, die dem Verfall entgegenschlummert. Nach ein paar Schritten sehen wir bereits den Schlossturm von **Bystřice** und erreichen den Ausgangspunkt.

Wanderkarte
Fritsch Wanderkarte Nr. 56 „Wanderkarte Naturpark Oberer Bayerischer Wald, Böhmerwald"

Weitere Auskünfte
Okresní úřad Klatovy Referát kultury, Plzeňská 90, CZ 33901 Klatovy

16 Auf dem künischen Grenzweg

Ein langer Weg mit großen Höhenunterschieden, vorwiegend durch Wald, zu dramatischen Naturwundern. Es ist kein Rundweg. Man muss von Bayerisch Eisenstein mit dem Bus nach Lam zurückfahren.

Anfahrtsorte: BRD: Lam im Lamer Winkel
Ausgangspunkt: Marktplatz in Lam
Länge: 18 km
Gehzeit: 5 Stunden
Anstieg: 720 m

Lam – Mariahilfkapelle – Sattel – Kleiner Osser – Künische Kapelle – Großer Osser – Künischer Kamm – Schwarzer See – Teufelssee – Železná Ruda (Markt Eisenstein) – Bayerisch Eisenstein

Von Lam nach Bayerisch Eisenstein

Der Lamer Winkel wirbt mit der Symbolfigur des Osserriesen, des Riesen aus der Ossersage. Denn auf diesem Gipfel lebte einst ein Riese, und wenn er sich die Füße waschen wollte, steckte er einen Fuß in den Teufelssee und den anderen in den Schwarzen See. Das gab jedes Mal eine riesige Überschwemmung. Als Menschen in sein Revier eindrangen und Glashütten errichteten, ärgerte ihn das. Er packte riesige Felsbrocken und rollte sie auf die Hütten zu. Menschen und Tiere flüchteten, nur zwei Kinder hatten nichts bemerkt. Sie erblickten den Riesen, reichten ihm eine Springwurz und sagten: „Da schnupf dieses Kräutl". Der Riese nahm die Wurz und schob sie in seine Nase. Im gleichen Augenblick krachte es gewaltig und den Riesen zerriss es in tausend Stücke.

Der Sage nach soll es noch einen dritten Ossergipfel mit einer Burg gegeben haben. Der Burgherr hatte eine Tochter, die sehr vergnügungssüchtig war. Eines Tages wurde auf der Burg ein Fest veranstaltet. Das Fest war überaus ausgelassen und es wurden gotteslästerliche Reden gehalten. Am schlimmsten trieb es das Burgfräulein. Da er-

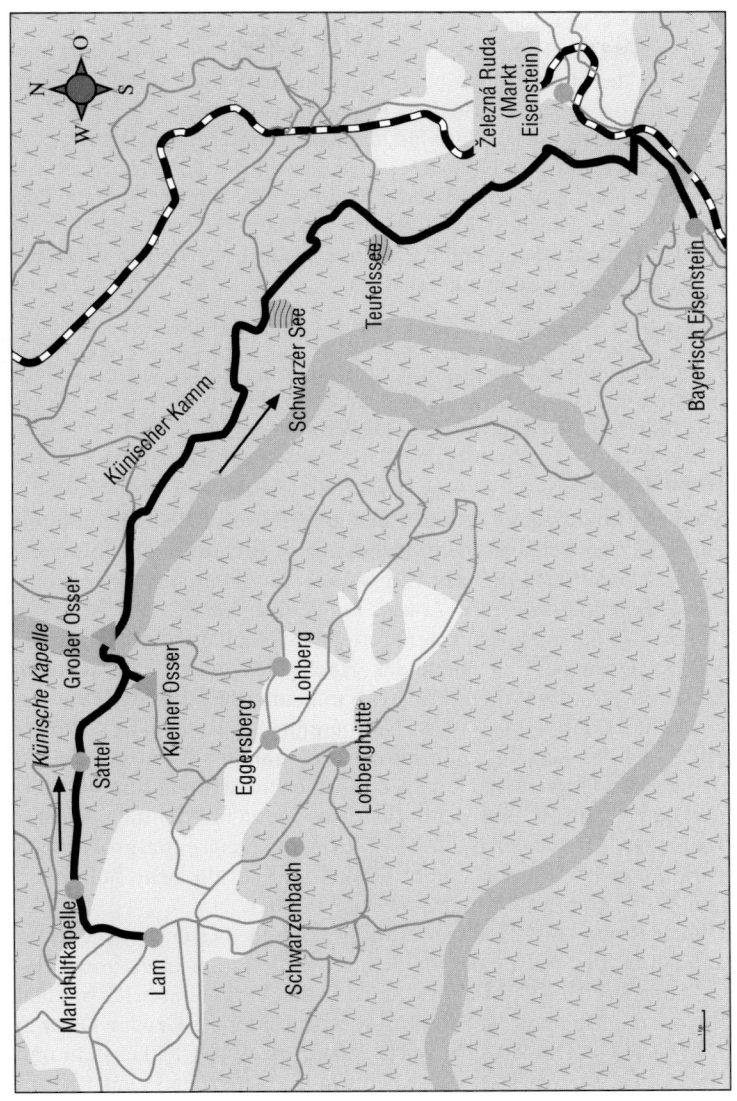

bebte der Osser, die Erde spaltete sich und verschlang den dritten Gipfel samt der Burg mit all den Menschen, die auf ihr gefeiert hatten. Nur das Burgfräulein blieb übrig und irrte noch viele Jahre, am ganzen Körper entstellt, in den Osserwäldern herum.

Die Wallfahrtskapelle Mariahilf, die wir bei unserer Wanderung passieren, liegt in 815 m Höhe. Der Legende nach sollen Holzfäller aus Lam an einem Baum das Bild der Muttergottes gefunden haben. Der Pfarrer hat es in die Kirche geholt, aber am nächsten Tag hing es wieder an dem Baum, und das Ganze wiederholte sich so lange, bis die Gläubigen eine Kapelle erbauten.

Anfahrt

Lam liegt an der Verbindungsstraße Kötzting–Bayerisch Eisenstein in einem Talboden am Fuße des Künischen Gebirges. Zwischen Kötzting und Lam gibt es historische Dampfzugfahrten.

Wanderroute

Vom Marktplatz des Luftkurortes **Lam** führt eine Wanderroute mit einer deutsch-tschechischen Markierung in Richtung Jugendherberge. Es handelt sich um das Wappentier der künischen Freibauern, einen *doppelschwänzigen Löwen mit Krone und Zepter*. Am Weg treffen wir auf mehrere Totenbretter des Heimatvereins „d' Ossabuam". Dann geht es durch den Hochwald zur Wallfahrtskapelle Mariahilf mit ihren alten farbigen Kirchenfenstern aus der Glasmacherzeit. 200 Höhenmeter sind hier bereits überwunden. In der Wirtschaft bei der Kapelle kann man einkehren. Der Wanderweg führt dann in den Hopfenwald hinein, in westlicher Richtung zum Wanderparkplatz „Sattel" und dann zur Osserwiese in Richtung **Kleiner Osser**, der 1266 m hoch ist. Von hier hat man bereits einen großartigen Panoramablick auf den Lamer Winkel und auf die acht Tausender, vom Bergsattel Eck bis hin zum Großen Arber.

Unsere Route führt dann vorbei an der künischen Grenzkapelle, die in den Jahren 1985/86 von der Waldvereinssektion Lam unter großer Beteiligung der Bevölkerung als Zeichen der Verbundenheit zwischen Bayern und Böhmen errichtet wurde, zum Gipfel des **Großen Osser** in 1293 m Höhe. Die Aussicht reicht bis hin zu Arber, Falkenstein und Rachel, bei klarem Wetter sogar bis in die Alpen und zum Riesen-

Am Schwarzen See.

gebirge. Das Schutzhaus auf dem Großen Osser ist vom 1. April bis 31. Oktober geöffnet. In der Nähe des Schutzhauses kommt man über die Grenze in den Böhmerwald. Hier führt die *blaue Balkenmarkierung* zunächst zu einer Kreuzung, wo sie auf eine quer verlaufende *rote Markierung* trifft. Diese *rote Markierung* ist eine Verbindung zwischen Svatá Kateřina (St. Katharina) und Železná Ruda.

Wir biegen also von der *blauen Markierung* nach rechts ab, gehen nicht ins Tal hinunter nach Hamry, das südlich des Nýrskoer Stausees liegt, sondern folgen im Hochwald nahe dem Grat, parallel zur Grenze, der *rot markierten Wanderroute* nach Südosten. Wir erreichen zunächst das Ostufer des **Schwarzen Sees** in 1008 m Höhe. Unterhalb der 1342 m hohen Seewand geht es in der bisherigen Richtung zunächst weiter, bis der Weg südwärts und schließlich südwestlich schwenkt und das Ostende des **Teufelsees** in 1030 m erreicht. Der markierte Pfad geht dann weiter durch das Revier Eisenstein, im Wesentlichen in südöstlicher Richtung, und stößt auf die Verbindungsstraße Železná Ruda–Bayerisch Eisenstein. Hier halten wir uns rechts, unterqueren zweimal die Bahnlinie, die einen Tunnel durch den nördlich gelegenen Špičák hat. Beim Grenzübergang kommen wir nach Bayerisch Eisenstein, wo wir mit dem Bus zurück nach Lam fahren können.

Wanderkarte
Fritsch Wanderkarte Nr. 56 „Naturpark Oberer Bayerischer Wald, Böhmerwald"
Fritsch Wanderkarte Nr. 69 „Rund um den Arberwald, Böhmerwald"

Weitere Auskünfte
Tourist-Info Verkehrsamt, Marktplatz 1, 93462 Lam

Die Schachten

Vor mehr als 300 Jahren hat man in den Hochlagen des Bayerischen Waldes und des Böhmerwaldes Hochweiden gerodet und Stiere und Zugochsen zur Sommerweide hinaufgeschafft. Sie sollten in den rauen Hochlagen noch zäher und ausdauernder werden. Man hat dabei nicht den ganzen Waldbestand abgehauen, sondern einzelne Weidbäume stehen gelassen. Dabei handelte es sich um Bergahorne und Buchen, also nicht um Fichten, was einen Hinweis darauf gibt, dass der Wald damals, zumindest in Lagen bis zu 1150 m Höhe, ein Mischwald war und kein Fichtenwald. Seit vielen Jahrzehnten werden die Schachten nicht mehr beweidet. Es hat sich auf ihnen eine artenreiche Brachwiese entwickelt. Einige Schachten wurden unter Naturschutz gestellt, und von den Weidbäumen der im 16. Jh. angelegten Schachten stehen eine Reihe noch heute. Namen künden noch von diesen Schachten, so der Rukowitzer Schachten, der Hochschachten, der Kohlschachten und viele andere, heute einsame Bergwiesen, auf denen vereinzelte Bäume oft blätterlose Zweige und brechende Äste gegen die Wolken und den Himmel recken.

17 Vom Spitzberg zum Schwarzen See und Teufelssee

Eine teilweise anstrengende Wanderung auf steinigen Pfaden mit steilen Anstiegen, die allerdings durch eine großartige Landschaft belohnt wird.

Anfahrtsorte: BRD: Bayerisch Eisenstein / CZ: Železná Ruda
Ausgangspunkt: bewachter Parkplatz am nördlichen Ende des Spitzbergsattels (Špičácké sedlo)
Länge: 9 km
Gehzeit: 3 Stunden
Anstieg: 200 m

Špičácké sedlo (Spitzbergsattel) – Černé jezero (Schwarzer See) – Špičák (Spitzberg) – Čertovo jezero (Teufelssee) – Špičácké sedlo

Im Banne der Gletscherseen

Von Zwiesel durch das Tal des Regen und der Angel führte über Bayerisch Eisenstein nach Klatovy (Klattau) ein uralter Handelsweg, der schon 1030 in Urkunden erwähnt wird. Als man im 16. Jh. in der Gegend Eisenerz entdeckte, war das Land wenig besiedelt. Freibauern, die hier wohnten, die künischen Bauern, hatten die Aufgabe, den Grenzweg zu bewachen und bekamen dafür Privilegien, wie die Befreiung von Abgaben oder Frondiensten. Bayerisch Eisenstein gehörte nach den jeweiligen Besitzverhältnissen einmal zu Böhmen, einmal zu Bayern. Erst unter Maria Theresia wurde im Jahre 1765 eine Grenzlinie gezogen, die bis heute gilt. 1870 hat man begonnen, eine Bahnlinie durch den Böhmerwald zu bauen, und der Bahnhof stand mitten auf der Grenze. 1945 wurde die Bahnlinie gesperrt und am 2. Juni 1991 wieder eröffnet.

Das böhmische Pendant zu Bayerisch Eisenstein, Železná Ruda (Markt Eisenstein), entstand als Siedlung im 16. Jh. am bekannten

Handelsweg und in der Nähe der Eisenerzlagerstätten, die namensgebend waren. Zwischen 1579 und 1713 gehörte der Ort zu Bayern. Interessant im Ort ist die barocke Kirche mit dem doppelten Zwiebelturm. Eine Besonderheit in ihr ist das Altarbild der Madonna mit dem Jesuskind. Es soll ein Werk von Lucas Cranach sein. Möglicherweise ist es aber nur eine Kopie des in Innsbruck aufbewahrten Originals des Meisters.

Nach dem Niedergang der Eisenerzförderung im Gebiet haben sich Glashütten entwickelt. Der Eisenhammer aus dem 18. und 19. Jh. war aber noch bis 1947 in Betrieb. Die größte Glashütte des Böhmerwaldes befand sich im nahen Alžbětin. In der ehemaligen Villa der Glaserfamilie Abel ist das Böhmerwaldmuseum untergebracht. In der Nähe des Bahnhofes steht die Kapelle zur heiligen Barbara. Sie wurde zur Zeit des Tunnelbaues am Špičák von italienischen Maurern errichtet. Der Tunnel ist 1748 m lang. Die beiden Seen oberhalb Špičák sind eiszeitliche Relikte. Der größere ist der Schwarze See mit 18,9 ha Fläche und fast 40 m Tiefe, aber es war nicht das schwarze Wasser, was ihm den Namen gegeben hat, sondern die dunkle Spiegelung der Bäume am Ufer. Der Teufelssee ist 10,3 ha groß und 36,5 m tief. Beide Seen haben eine beständige Wassertemperatur von 4–5 °C. Sie sind eine Art Naturkühlschrank. Die Sage berichtet, dass Leute, die im Teufelssee ertrinken, nicht verwesen, sondern völlig erhalten am Grund des See ruhen. Als man 1964 mit Tauchern beide Seen durchforschte, fand man allerdings keine Toten, sondern Kisten mit wichtigen Dokumenten aus der Zeit des Dritten Reiches und Sprengstoff aus dem Zweiten Weltkrieg. Die Umgebung beider Seen steht unter Naturschutz.

Der Špičák wird auch Böhmerwaldpass genannt. Er liegt tausend Meter hoch, und das Gebiet bis hinunter nach Železná Ruda und hinüber nach Bayerisch Eisenstein ist ein beliebtes Fremdenverkehrszentrum mit einer Fülle markierter Wanderwege in die Umgebung, aber auch mit zahlreichen anderen Einrichtungen, die einen Urlaub attraktiv machen, z. B. Kutschenfahrten zum Schwarzen See.

Anfahrt

Von Bayerisch Eisenstein geht es über den Grenzübergang Eisenstein nach Železná Ruda (Markt Eisenstein) und im Ort links weg in

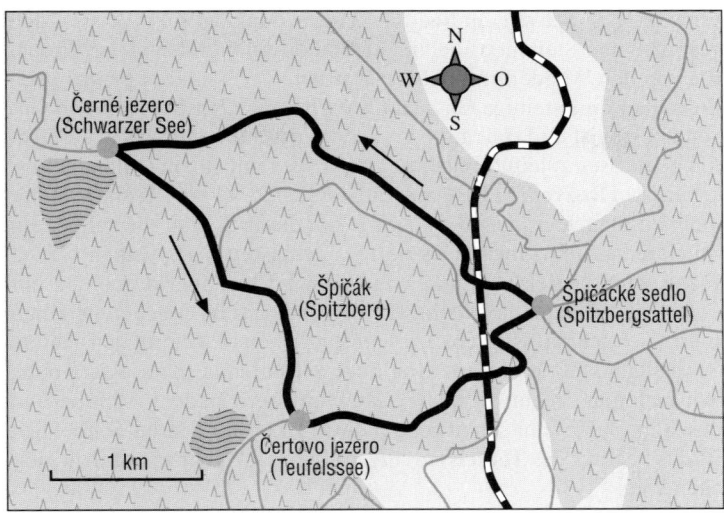

Richtung Spitzbergsattel (Špičácké sedlo), vorbei an Hotels und Pensionen in den Wald hinein, bis die Straße einen starken Rechtsknick macht. Bevor sie wieder abfällt, befindet sich links ein bewachter Parkplatz.

Wanderroute

Wir folgen vom Parkplatz am **Spitzbergsattel** der *gelben Markierung* in nordwestlicher Richtung. Es ist ein Hangweg, der für den Durchgangsverkehr gesperrt ist. Bald schwenkt der Weg nach Westen, wir erreichen eine Dreieckkreuzung und gehen geradeaus weiter. Dabei überqueren wir den Spitzbergtunnel, der, wie es auf einer Tafel hier heißt, 1874 bis 1877 gebaut wurde und 1748 m lang ist. Unsere Route verläuft ziemlich eben am Steilhang, bis sie sich verzweigt. Wir halten uns links hoch. Ab und zu werden Ausblicke auf die Waldberge jenseits des Tales frei. Dann kommen wir zu einer Schneise. Etwa 100 m oberhalb befindet sich die Stromkraftanlage des Schwarzen Sees mit 1,5 Megawatt Leistung.

Nach einigen Kehren im lichter werdenden Wald wandern wir bei einer Dreieckkreuzung hoch und erreichen nach einen Steilaufschwung den **Schwarzen See** mit seinem dunkelgrünen Wasser, den zerborstenen Stämmen, die am Rand modern und den vielen Enten, die von den Wanderern gefüttert werden. Der Weiterweg führt nach links über eine steinige Gasse aufwärts, die von Felsbrocken und Geröll übersät ist und steil mit *roter Markierung* auf den 2,5 km entfernten Teufelssee zuleitet. Teilweise ist der Weg mit einem Geländer versehen. Am **Rozvodí** in 1050 m Höhe erreichen wir eine Teerstraße mit einer zusätzlich *grünen Markierung*. Auf dieser Teerstraße geht es ein Stück rechts und aufwärts bis zum Sendemasten des **Špičák** in 1159 m Höhe. Zum Teufelssee sind es nur noch 1,5 km, aber durch den mit Felsblöcken übersäten Hochwald lässt es sich schwer gehen und man muss auch sehr auf die zum Teil sehr spärlichen Markierungen achten. Schließlich stoßen wir auf eine quer verlaufende markierte Route. Wir halten uns rechts zum Ufer des Teufelssees. In dem Trümmerfeld des Hangwaldes muss man gut auf die Markierung achten. Schließlich ist das Seeufer des **Teufelssees** erreicht. Zurück geht es auf dem gleichen Weg.

Wo der Pfad vom Schwarzen See herunterkommt, halten wir uns geradeaus durch den felsübersäten Hochwald, in dem wir die Markierungen suchen müssen. Endlich passieren wir ein Gatter und eine Schneise mit einem Skilift. Weitere Schneisen mit Liftanlagen folgen, bis sich der Weg teilt. Bei einer solchen Schneise geht es rechts hinunter und im Linksbogen durch die nächste Skiliftanlage. Wir sind auf 927 m Höhe und haben die *gelbe Markierung*, die geradeaus weiterführt, während blau nach rechts hinunterleitet. Wir folgen der *gelben Markierung* am Hang durch weitere Skischneisen, bis wir im Wald auf einzelne Häuser stoßen und schließlich die Fahrstraße zum Spitzbergsattel erreichen. Hier geht es links hoch zum Ausgangspunkt zurück.

Wanderkarte
SHOCart GeoClub Nr. 34 „Šumava, Železnorudsko,
Povydří, Churáňov"
Fritsch Wanderkarte Nr. 69 „Rund um den Arber, Böhmerwald"

Weitere Auskünfte
Informační středisko Železná Ruda, Klostermannovo nám. 26,
CZ 34004 Železná Ruda

18 Hurkenthal und Lackensee

Der Hin- und Rückweg dieser hübschen und aussichtsreichen Wanderung zu einem landschaftlichen Höhepunkt ist identisch, aber es wird weder auf dem Hin- noch auf dem Rückweg langweilig. Die Wege sind gut und die Höhenunterschiede nicht dramatisch.

Anfahrtsorte: BRD: Bayerisch Eisenstein / CZ: Nová Hůrka
Ausgangspunkt: Parkplatz an der Staatsstraße 190
Länge: 10 km
Gehzeit: 3 Stunden
Anstieg: 250 m

Nová Hůrka (Neuhurkenthal) – Hůrka (Hurkenthal) – Jezero laka (Lackensee) – Hůrka – Nová Hůrka

In Hurkenthal

In Hůrka haben vor der Vertreibung über tausend Menschen gelebt. Übrig geblieben sind die Ruine einer Kapelle, einige Grabsteine des ehemaligen Friedhofes, die von Gestrüpp überwuchert sind, und eine Allee, die als Dorfstraße durch den Ort geführt hat. Unten im Talboden an der Staatsstraße 190 ist zu Beginn dieser Allee Nová Hůrka entstanden. Das sind einige Häuser und eine Kolchose. Das Ziel unserer Wanderung, der Lackensee, liegt 1096 m hoch, ein idyllisches Wasserauge am Fuße des Lackenberges. Der See ist mit 2,53 ha der kleinste, aber der höchstgelegene Karsee des Bayerischen Waldes und des Böhmerwaldes. Auf der Seeoberfläche schwimmen Inseln, was an den Kleinen Arbersee erinnert. An den Ufern wächst Schwingrasen, der sich in den 3,90 m tiefen See hineinfrisst und den See allmählich verlanden lässt. Nach einem gewaltigen Sturm im Jahre 1846 hat sich in den umliegenden Wäldern erstmals der Borkenkäfer eingestellt. Im 19. Jh. hat man den See zur Holztrift genutzt und entsprechend aufgestaut. Der Seebach entwässert den Lackensee in den Kieslingbach, der mit Hůrka durch einen Schwemmkanal verbunden ist. Bei Srní (Rehberg) hat sich der Křemelná (Kieslingbach) tief eingegraben.

Anfahrt

Die Zufahrt von Deutschland aus erfolgt von Bayerisch Eisenstein über die Grenze am Bahnhof Eisenstein nach Železná Ruda (Markt Eisenstein). Von hier geht es auf der Staatsstraße 27 in Richtung Klatovy (Klattau) in nordöstlicher Richtung, bis bei erster Gelegenheit rechts die Staatsstraße 190 abzweigt. Sie führt an Nová Hůrka vorbei in Richtung Sušice (Schüttenhofen).

Wanderroute

Hinter Železná Ruda erreicht die Staatsstraße 27 ihren höchsten Punkt in 952 m Höhe. Kurz danach zweigt ein Sträßchen rechts ab in Richtung Hartmanice/Sušice. Der erste Ort an dieser Straße, **Nová Hůrka**, liegt in einer weiten Lichtung im Talboden. Nová Hůrka hat nur ein paar Häuser, die von teilweise brachliegendem Weideland und Wald weiträumig umrahmt sind. Auf der linken Seite der Straße, gegenüber den Häusern, ist ein Parkplatz angelegt. Wir gehen vor den ersten Häusern rechts der *blauen Markierung* nach. Noch im Ortsbereich verzweigt sich der Weg. Wir halten uns links und wandern nach dem letzten Haus im Rechtsbogen weiter über eine Bachbrücke, durch eine Schranke und zwischen die Bäume den Berg hinauf. Der Weg verläuft am Hang des Seetales, das sich rechts unten hinzieht. Es wird immer steiler und in einer Wiesenlichtung etwas ebener. Eine Allee führt hindurch. Wir sind von einer parkähnlichen Landschaft umgeben. Hier standen einst die Häuser von Hůrka. Wir stoßen auf Wegweiser. Links geht es nach Vysoké Lávky und Prášily. Geradeaus führt uns die Route über den Lackensee nach Železná Ruda und Debrnik.

Gegen Ende der Lichtung sehen wir einen Gedenkstein für die ehemalige Ortschaft Hůrka. Hier befindet sich auch eine Sitzgruppe und eine Unterstellhütte und links steht eine Kapelle. Es ist die ehemalige Friedhofskapelle des heiligen Kreuzes mit der Gruft der Familien Habele und Hafenbrädl. Die Kapelle wurde im Jahre 1820 gebaut und eingeweiht. In den 60er Jahren entstand hier in der Gegend ein Truppenübungsplatz, ein Schießplatz und alle ursprünglichen Bauten in

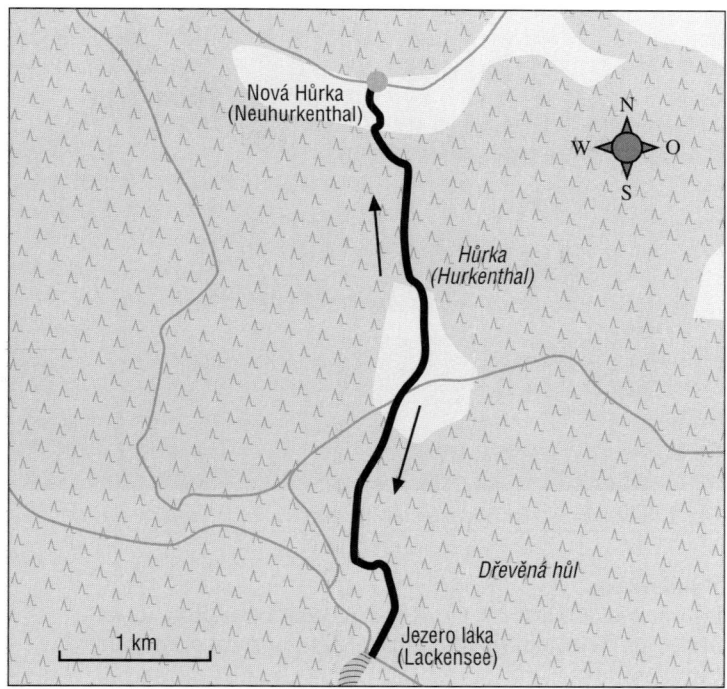

diesem Niemandsland wurden dem Erdboden gleichgemacht. Übrig
blieb die geplünderte Kapelle, die nun langsam wieder erneuert wird.
Von rechts führt eine *gelbe Markierung* zu unserem Weg und leitet
gleich rechts wieder weiter in Richtung Vodnýkanal. Wir gehen geradeaus weiter. Die Lichtung endet bei einer Holzhütte, die links am
Waldrand steht. Wir kommen über eine Bachbrücke und wandern
aufwärts. Ein zweites Mal wird der Bach überquert. Wir kommen steil
zu einer Dreieckkreuzung, folgen dem markierten Weg bis zu einer
Schranke und sind bald über einen mit Felsbrocken übersäten Pfad
am **Lackensee**. Das Seeufer ist eingezäunt, Bohlenwege führen rings-
herum, und an mehreren Stellen gibt es Sitzgruppen. Wir gehen auf
dem gleichen Weg zurück, also hinunter zur Schranke und dann durch
Hůrka nach **Nová Hůrka**.

Der Lackensee ist der höchstgelegene Karsee im Böhmerwald.

Wanderkarte
Fritsch Wanderkarte Nr. 69 „Rund um den Arber, Böhmerwald"
SHOCart GeoClub Nr. 34 „Šumava, Železnorudsko, Povydří,
Churáňov"

Weitere Auskünfte
Informační středisko Železná Ruda, Klostermannovo nám. 26,
CZ 34004 Železná Ruda

19 Zum Bergbaustädtchen Unterreichenstein

Es gibt für diese Wanderung zwei Möglichkeiten. Ist das Wetter schlecht oder die Jahreszeit ungünstig, bietet sich ein schmaler Fahrweg von Bergreichenstein nach Unterreichenstein und von hier am hohen Ufer der Otava nach Norden bis zu einer Abzweigung, die eine Fahrverbindung nach Bergreichenstein ist. Bei gutem Wetter in der Saison kann man parallel dazu einer Markierung mit grünem Querbalken von Bergreichenstein nach Unterreichenstein folgen. Die verläuft dann ebenfalls parallel zum nördlich ziehenden Fahrsträßchen, zweigt dann aber auf halber Strecke rechts in die Waldhöhen ab, vorbei an einer Waldkapelle und vorbei an der Kapelle St. Mikuláš, bei der zwei weitere kleine Kapellchen stehen. Die Markierung grüner Querbalken ist die gleiche. Es gibt aber noch eine dritte Version, indem man von Unterreichenstein dem Fahrsträßchen nach Norden bis zur Kreuzung an der Otavabrücke folgt und hier der gelben Markierung nachgeht, die ein Stück parallel zum Fahrsträßchen zieht und dann in die Waldhänge hinaufleitet. Mit dieser Markierung wird ebenfalls St. Mikuláš passiert.

Anfahrtsorte: BRD: Bayerisch Eisenstein / CZ: Kašperské Hory
Ausgangspunkt: Marktplatz von Kašperské Hory
Länge: 10 km
Gehzeit: 2,5 Stunden
Anstieg: 100 m

Kašperské Hory (Bergreichenstein) – U Gabríela – Rejštejn (Unterreichenstein) – Radešov – sv. Mikuláš – Kašperské Hory

Im Reichensteiner Bergbaugebiet

Die Besiedlung der Region geht weit zurück in die keltische Zeit. Zwei mächtige Burgstätten etwa aus dem 3. Jh. v. Chr. zeugen davon: der Hefenstein (Sedlo) und die Riesenburg (Obří hrad). Überall in den Bächen der Umgebung fand sich Gold, und so sieht man heute noch die so genannten Goldseifen, den Abraum der Steine, aus denen man das Gold gesiebt hat. Die Region gewann an wirtschaftlicher Bedeutung, als gegen Ende des 13. Jh. die Goldwäscherei durch bergmännische Förderung ersetzt wurde. In über dreihundert Erzmühlen der Umgebung hat man das goldhaltige Gestein zermahlen. Die Bevölkerung war inzwischen deutschsprachig. Ein Zweig des Goldenen Steigs führte nach Kašperské Hory, und zwar als Verbindung mit Grafenau, das damals ein Handelszentrum im Bayerischen Wald war. Heute sind beide Städte Partnerstädte. Kašperské Hory war einst so reich und die in der Umgebung verstreuten Bergmannssiedlungen so bedeutsam, dass Kaiser Karl IV. zum Schutze die Karlsburg oberhalb der Stadt bauen ließ. 1617 haben die Bürger dem König die Burg abgekauft. Im 30-jährigen Krieg kam die Goldförderung zum Erliegen. Letzte Versuche, sie wieder in Gang zu bringen, fanden zwischen 1917 und 1923 statt. Einer der alten Bergstollen wird übrigens heute als seismographische Station genutzt.

Ebenfalls wirtschaftliche Bedeutung in der Region hatte die Glasherstellung. Vom 16. Jh. an entstanden zahlreiche Glashütten. Am Ende des 19. Jh. war die Klostermühle bei Reichenstein die bedeutendste Glasfabrik Österreich-Ungarns. Sie hatte auf Grund ihrer farbigen Jugendstilproduktion Weltruf. Heute hat Kašperské Hory seine wirtschaftliche Bedeutung verloren, aber es ist ein hübsches Städtchen. Am Marktplatz finden wir die 1350 erbaute St. Margarethenkirche. Die Einrichtung stammt aus dem 18. Jh. Das Altarbild zeigt die Familie eines Bergmannes, welche die heilige Margaretha anbetet. Sehenswert ist an der Nordwestecke des Marktplatzes das Rathaus. Hier hat man die Front von drei Renaissancebürgerhäusern Ende des 17. Jh. durch drei Barockgiebel vereinigt und mit Stuck und Uhrtürmchen versehen.

Rejštejn war einst ebenfalls ein blühendes Bergbaustädtchen. Hier hat man am Zusammenfluss von Losnitz und Wottava (Losenice und Otava) Gold gewonnen. Auch wegen seiner Perlenfunde war der Ort bekannt. Die Ursprünge der Gemeinde gehen ins 13. Jh. als Schürfersiedlung zurück. Seit 1584 ist der Ort königliche Bergbaustadt. An der Brücke über die Losnitz hat man Mühlsteine aus der Goldförderzeit gefunden. Auf dem Marktplatz sieht man einen Amalgamstein mit

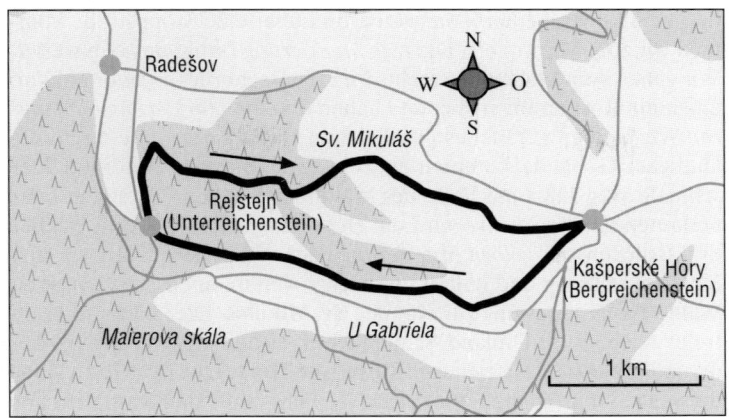

schalenförmigen Einbuchtungen. Er wurde als Erinnerung an die Goldgräberzeit aufgestellt. Die Ortskirche hat einen schindelgedeckten Zwiebelturm. Am Rathaus ist das Stadtwappen angebracht.

Anfahrt

Von Deutschland fährt man über Bayerisch Eisenstein, hier über den Grenzübergang am Bahnhof nach Železná Ruda, zunächst auf der Staatsstraße 27 bis zur Höhe von 925 m. Dann geht es auf der Staatsstraße 190 ostwärts über Nová Hůrka–Hartmanice und rechts ab in die Staatsstraße 145 nach Kašperské Hory.

Wanderroute

Am Marktplatz von **Kašperské Hory** halten wir uns zunächst südwärts, also wenn man mit dem Rücken zur Kirchentür steht rechts weg, bis zu einer Querstraße. Hier folgen wir der *blauen Markierung*, es geht steil durch den Ort hinunter. Der Weg verzweigt sich. Vorbei an einer doppeltürmigen Kirche geht es rechts aufwärts, dem Hangweg folgend. Das Land fällt in den Talboden des Losnitzbaches ab. Wir passieren noch ein paar Häuser und eine kleine Kapelle und folgen dem baumbestandenen Hangweg, bis wir **Rejštejn** sehen. Im Talboden erreichen wir die ersten Häuser und eine Vorfahrtsstraße. Hier geht es rechts weiter. Die *blaue Markierung* leitet uns zur Flussbrücke. Die Straße heißt *Sukolova*, und über eine Stoppstraße kommen wir zum Marktplatz. Die *rote Markierung* bringt uns nun weiter. Wir gehen vom Marktplatz rechts weg zur Bachbrücke, davor links ab an einem Restaurant vorbei und haben nun die *Markierung blau* und *rot*. Wir bleiben geradeaus parallel zum Bach, passieren ein schlossähnliches Gebäude, kommen ins Feld und dann zum Waldrand. Der schmale Weg führt am Fuße des Waldhügels entlang zu einem quer verlaufenden Weg. Links wird ein Hotel erreicht, rechts geht es über drei Brücken, der *gelben Markierung* nach. Nun überqueren wir eine Straßenkreuzung und halten uns rechts weg in einen verwachsenen Waldweg. Er leitet uns zur Kapelle **Sv. Mikuláš**. Hier bietet sich ein freier Ausblick ins Umland. Schließlich erreichen wir ein Fabrikgelände und die ersten Häuser von **Kašperské Hory**. Der markierte Wanderweg stößt im spitzen Winkel auf die Fahrstraße und wir halten uns nach rechts zum Marktplatz zurück.

Zweite Version

Wir gehen vom Marktplatz in **Kašperské Hory** der *gelben Markierung* nach durch die *Smetana-Straße* zum Friedhof. Die Straße wurde früher Totengasse oder St. Annastraße genannt, nach dem St. Annafriedhof. Ein barocker Speicherbau wird passiert. Er stammt aus dem 17. Jh., ebenso wie ein Pranger aus Stein aus dem Jahre 1630, der im 19. Jh. zu einem Marterl umgebaut wurde und am Hang des Feldweges zum Galgenberg steht. Im Garten des Hauses Nr. 337 steht übrigens ein Marterl aus dem 16. Jh., und der Berg auf der linken Seite, der Galgenberg, war früher Richtstätte. Rechts befindet sich das Unternehmen Medicafilter, das Sanitärkleidung und Sanitärbedarf herstellt. Gegenüber steht die St. Michaelskapelle aus dem 18. Jh. Ein Sägewerk wird passiert. Aus dem Jahre 1687 stand hier eine große Messkapelle, ebenfalls dem heiligen Michael geweiht. Sie wurde aber zur Zeit Josefs II. aufgehoben. Am Ende des 18. Jh. war hier das Stadtbad und 1872 hat der Fabrikant B. Fürth aus Sušice eine Fabrik zur Zündholzherstellung angelegt. Am Ende des Ersten Weltkrieges erwarb F. Horrer die Objekte und stellte Korbmöbel und Körbe her. Von der Allee zum Friedhof aus gibt es herrliche Ausblicke nach Norden zum 845 m hohen Svatobor. Es ist eine Anhöhe über Sušice (Schüttenhofen) mit einem Aussichtsturm und dem Fernsehsender.

Das Rathaus von Bergreichenstein.

Man sieht auch den Hefenstein (902 m) mit prähistorischen Fundstellen von Kelten und Slawen, ferner die Karlsburg. Sie ist die höchstgelegene böhmische Burg und wurde 1356 von Karl IV. erbaut. Aber auch die Dörfer Opolenec (Oppelitz) und Tuškov (Duschowitz) sind zu sehen. An der linken Seite steht die St. Sebastiankapelle aus dem 18. Jh. und vor dem Friedhof eine weitere Kapelle. Im Friedhof St. Anna finden wir die Bergwerkskirche St. Nikolaus, eine frühe gotische Anlage aus dem Jahre 1330 mit Wandgemälden aus dem 14. Jh. Die bemalte Holzdecke hat V. A. Groff im Jahre 1700 geschaffen. Die Messkapelle der St. Annakirche hat eine barocke Einrichtung und Wandmalereien von J. Hager aus dem Jahre 1757. Wer Kirche und Kapelle besichtigen will, muss sich an den Messner Straka in der *Smetana 165* wenden.

Wir folgen dem Feldweg mit schöner Aussicht nach Westen in die Umgebung von Hartmanice (Hartmanitz). Hier gab es im Mittelalter Goldgruben und eine Raststation für Händler aus Bayern. In der Nähe von Hartmanice liegt die Kapelle Dobrá Voda. Hier hielt sich ein Einsiedler und Mönch, der heilige Gunther, im Jahre 1045 auf. Dann haben wir Ausblicke ins Wottavatal, das früher Ohetal hieß, und zur romanisch-gotischen Kirche St. Maurenzen, die um 1230 entstand, aber auch auf die Berge Svatobar und Hefenstein und auf die Karlsburg. Am Hochhügel entlang gehen wir zu einer Abzweigung und dann links zu den Resten des so genannten „Weißen Hauses" am Ferienplatz des Schriftstellers Karel Klostermann aus den 90er Jahren des vorletzten Jahrhunderts. Hier haben wir einen Blick nach Rejštejn, und auf dem weiteren Weg finden sich im Wald noch Spuren des Goldbergbaues. Nun kommen wir zur **Waldkapelle Jungfrau Mariahilf** mit dem Rosenkranzaltar und nach **Rejštejn**. Es geht über die Losnitzbrücke. Nach rechts kann man zur Klostermühle abbiegen, wo die einst weltbekannte Glashütte stand. Hier gibt es noch die Jugendstilvilla des Glasfabrikanten Max Spaun, die vom Wiener Architekten Leopold Bauer im Jahre 1903 entworfen wurde.

Dann halten wir uns zurück zum Marktplatz und zur **Kirche St. Bartholomä** mit der Barockeinrichtung, die erstmals 1570 erwähnt worden ist. Auf dem Friedhof findet man Gräber der Glaser und an der Ostseite der Kirche Gräber der Familie von Karel Klostermann. Wir folgen der *blauen Markierung*. An der linken Seite des Weges steht die erneuerte Kapelle der Jungfrau Maria, dann der Gabrielhof mit einer Kapelle. Hier ist eine Pferdefarm mit dem Namen Westernranch entstanden. Von der *Unterreichensteiner Straße* haben wir Aussicht auf den Knappenberg (1187 m), in die Gegend von Ziegenruck und auf den Kiesleiten (1125 m) mit dem Rogauer Berg, der über Rejštejn aufragt. Am Rand von Kašperské Hory steht links die barocke Ölbergkapelle und auf dem gegenüberliegenden Hügel sieht man die neuromanische Wallfahrtskirche Mariaschnee aus den Jahren 1848 und 1867, auch als Wallfahrtskapelle Maria Klattau bekannt. Hier befindet sich eine Quelle mit Heilwasser. Im Süden bietet sich eine Aussicht ins Tal des Zollerbaches, wo sich früher das Zentrum des Bergwesens von Kašperské Hory befand. Der Markierung folgend geht es zurück zum Marktplatz von **Kašperské Hory**.

Wanderkarte
SHOCart GeoClub Nr. 34 „Šumava, Železnorudsko, Povydří, Churáňov"

Weitere Auskünfte
Město Kašperské Hory, Náměstí 1, CZ 34192 Kašperské Hory

20 Aussichtsroute nach Tuškov

Diese Wanderung ist aussichtsreich und voller Abwechslung. Die Wege sind überwiegend gut und die Route ist auch nicht zu lang: ein Spaziergang für die ganze Familie!

Anfahrtsorte: BRD: Bayerisch Eisenstein / CZ: Kašperské Hory
Ausgangspunkt: Marktplatz von Kašperské Hory
Länge: 9 km
Gehzeit: 2,5 Stunden
Anstieg: 100 m

Kašperské Hory (Bergreichenstein) – Tuškov (Duschowitz) – Opolenec (Oppelitz) – Kašperské Hory

Auf einem Lehrpfad zu Böhmerwalddörfern

Die ehemalige Goldbergbaustadt Kašperské Hory liegt stattliche 739 m hoch am Fuße der Burg Karlsberg. Die Gegend ist heute ein beliebtes Ferien- und Wintersportzentrum. Der nördliche Teil des Gebietes war schon zur Zeit der Römer und Kelten besiedelt. Die Kelten waren es, die Gold aus den Flüssen wuschen. Das sieht man heute noch an den Schutthaufen entlang der Flussufer. Auf einer über tausend Meter hohen Anhöhe über der Losenice, auf dem Obří hrad, sind Reste einer keltischen Festung zu sehen. Vielleicht war hier auch ein keltisches Heiligtum. Im 11. Jh. haben die Goldlager Siedler angelockt. Der Aufschwung der Städte kam allerdings erst im 12. und 13. Jh. Das größte Goldlager befand sich zwischen Kašperské Hory und Rejštejn. Die ersten Berichte davon stammen aus der ersten Hälfte des 14. Jh. Es war aber nicht nur die Goldwäscherei, die die Besiedlung der Orte förderte.

Es war auch der Handelsweg, an dessen Route Kašperské Hory wuchs. Im nahen Grenzwald lebten die Bewohner der königlichen Grundstücke, „Králováci" genannt. Ihre Gemeindegerichte standen in Kochánov und Stodůlky. Bis ins 18. Jh. waren die südlichen Höhen

menschenleer und voller wilder Tiere. Erst danach begannen Wald-
arbeiter, Kohlenbrenner und Glasmeister in den Forst einzudringen
und ihn zu besiedeln. Das heutige Zentrum des Berggebietes Srní
(Rehberg) wurde 1726 von neun Holzmeistern gegründet. Das
nächste touristische Zentrum Modrova entstand erst am Anfang
des 19. Jh. als Holzsägewerk. Das älteste Dorf in dieser Gegend ist
Horská kvilda, das früher eine Station am Handelsweg war. Die
ersten Zeugnisse davon stammen aus dem Jahre 1577. Die Siedlung
ist von Wäldern und Mooren umrahmt.

Anfahrt

Von Deutschland geht es über Bayerisch Eisenstein, Grenzübergang
am Bahnhof, nach Železná Ruda zunächst auf der Staatsstraße 27 bis
zur Höhe von 925 m. Hier auf der Staatsstraße 190 ostwärts über
Nová Hůrka–Hartmanice und rechts ab in die Staatsstraße 145 nach
Kašperské Hory.

Wanderroute

Vom Marktplatz in **Kašperské Hory** aus wandern wir nach Westen
in *Richtung Sušice (Schüttenhofen)*. Wir wenden uns an der Straßen-
abzweigung rechts, vorbei am einstigen Vereinshaus, jetzt ist es ein
Restaurant. Eine Allee nimmt uns auf. Sie führt am Hang entlang mit
weiter Aussicht ins Land. Am linken Rand sind Bänke angebracht,
von hier kann man herrlich die Aussicht genießen. Unter uns liegt der
Talboden eines Zuflusses zur Otava. Von der Allee aus sieht man den
Galgenberg, den Weinberg, die alte Bergbaukirche St. Nikolaus
inmitten des Friedhofes von Kašperské Hory und die Gegend um
Dobrá Voda (Gutwasser) und Hartmanice (Hartmanitz) bis hinaus in
das Eisensteiner Gebiet. Etwa 100 m hinter dem letzten Haus am
Ende der Allee gehen wir auf dem Fußweg über die Felder durch
den Wald nach **Tuškov**. Es wurde erstmals 1436 erwähnt und war ein
Teil der Herrschaft Karlsburg, ab 1584 gehörte es zur Herrschaft
Kašperské Hory. Im Ort, den wir über einen Rechtsbogen erreichen,
geht es auf einer Allee hinauf zum Ortszentrum. Kurz vor Ortsende,
nach dem Lebensmittelgeschäft, biegen wir von dem befestigten
Fahrweg links ab in Richtung **Opolenec**. Das ist ein ziemlich aufge-
fahrener Weg, der steil hinunter und wieder hinauf zum Weiler führt,

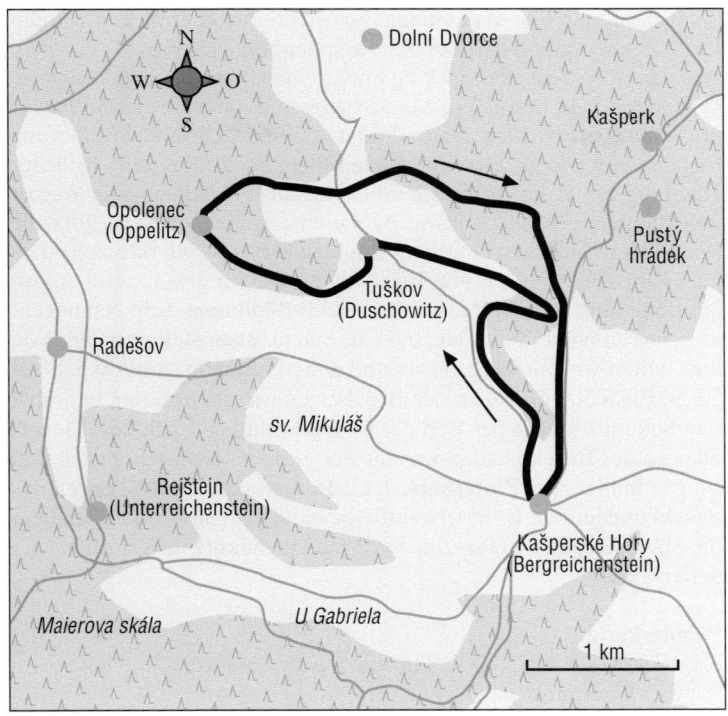

der auch immerhin 640 m hoch liegt. Vor dem Ortseingang befindet sich eine kleine Kapelle mit volkstümlicher Malerei aus den dreißiger Jahren und mitten auf dem Dorfplatz, an einem Südhang, steht die Kapelle des Erzengels Michael. Im Weiler haben sich einige Wohn- und Wirtschaftsgebäude in ihrer ursprünglichen Form erhalten. Der Bauernhof Nr. 4 ist das Geburtshaus der Heimatkundlerin und Schriftstellerin Maria Frank, geborene Illner. Oberhalb der Kapelle führt halbrechts ein Feldweg zum Wald hinauf. Von dort hat man einen herrlichen Ausblick auf das obere Otavatal. Rechts darüber erhebt sich der Rogauer Berg, überragt vom Kiesleiten (1125 m). Links davon liegt der Brenntenberg, am Horizont über Srní (Reh-berg) der Steinlingberg und die Seewand. An der linken Seite des

Tales sieht man den Meierstein, und östlich davon erblicken wir den Ort Ziegenruck und darüber den Knappenberg (1187 m).

Auf der Höhe teilt sich der Weg hinter einer Baumreihe aus Kiefern. Wir haben eine besondere Markierung, und zwar eine *gelbe Fläche mit einem bäuerlichen Haus* darauf. Dieser Lehrpfad-Markierung folgen wir, wandern zwischen Baumreihen leicht bergab in östlicher Richtung, durch ein Waldstück und dann aufs Feld hinaus. Der Weg ist von Bäumen gesäumt und wir haben eine schöne Aussicht über die Waldhügel. Nach dem Feldhang kommen wir zwischen Bäumen zu einem Fahrsträßchen, das von Tuškov herzieht. Wir gehen darüber hinaus und kommen zum Punkt 733 m beim **Bildlbaum**. Sein Name geht auf ein Heiligenbild zurück, dass an einem Baumstamm hängt. Von hier halten wir uns nach rechts und gehen hinunter zum Oppelitzer Bach. Etwa 300 m östlich der Brücke, die wir überqueren, befinden sich Seifenhügel aus der Zeit der Goldgewinnung. Nach dem Hegerhaus an der Brücke halten wir uns der *grünen Markierung* nach und steigen hinauf zum **Binterhübl**, der eine Aussicht auf den Panzer, das Brückl und andere Böhmerwaldberge bietet. Zu unseren Füßen liegt die Stadt **Kašperské Hory**, die wir nach einem kurzen Wegstück wieder erreichen.

Wanderkarte
SHOCart GeoClub Nr. 34 „Šumava, Železnorudsko,
Povydří, Churáňov"

Weitere Auskünfte
Město Kašperské Hory, Náměstí 1, CZ 34192 Kašperské Hory

21 Die Karlsburg über Bergreichenstein

Bei dieser vorwiegend durch Wald führenden, steilen Wanderung werden gut dreihundert Höhenmeter überwunden, teilweise auf Pfaden, zum Teil aber auch auf guten Wegen.

Anfahrtsorte: BRD: Bayerisch Eisenstein / CZ: Kašperské Hory
Ausgangspunkt: Die Kapelle bei der Zigeunerei, 1 km östlich des Marktplatzes, in Richtung Vimperk (Winterberg)
Länge: 8 km
Gehzeit: 2,5 Stunden
Anstieg: 300 m

Kašperské Hory (Bergreichenstein) / Cikánka – Kavrlík (Geierle) – Žlibek (Rindlau) – Pustý Hrádek – Cikánka / Kašperské Hory

In den Burgwäldern

Kašperské Hory liegt an einer Verbindungsstraße zwischen Sušice (Schüttenhofen) und Vimperk (Winterberg). Seine Geschichte hängt mit den vor den Hussitenkriegen größten Goldvorkommen im böhmischen Reich eng zusammen. Das Zentrum des 30 Quadratkilometer großen Reviers befand sich südlich der Stadt oberhalb des Goldbachtals. Die Goldvorkommen und der die Stadt berührende „Goldene Steig" waren für Kaiser Karl IV. Anlass, oberhalb von Kašperské Hory eine Schutzburg zu bauen. Ein Zweig des „Goldenen Steiges" führte auch durch Sušice und Vimperk.

Auch bei Sušice an der Otawa wurde nach Gold geschürft. Sehenswert im Ort ist das Böhmerwaldmuseum. Es wurde 1880 gegründet und ist in einem wunderschönen Renaissancegebäude am Marktplatz untergebracht. Vimperk am alten Handelsweg hat eine uralte Drucker- und Glastradition (1484 erste Druckerei, 1414 erste Glashütte).

Anfahrt

Von Deutschland geht es über Bayerisch Eisenstein, Grenzübergang am Bahnhof, nach Železná Ruda (Markt Eisenstein) zunächst auf der Staatsstraße 27 bis zur Höhe 925 m. Hier auf der Staatsstraße 190 ostwärts über Nová Hůrka–Hartmanice und rechts ab in die Staatsstraße 145 nach Kašperské Hory.

Wanderroute

Vom Marktplatz in **Kašperské Hory** halten wir uns östlich auf der Straße *Richtung Vimperk*, bis wir nach etwa 1 km eine Kapelle bei der Zigeunerei erreichen. Auf dem Herweg von Kašperské Hory haben wir den prächtigen Bau der früheren Realschule aus dem Jahre 1911 bewundert. Gegenüber der Schule steht in einem kleinen Park das Denkmal für die Opfer des Krieges und der Gewalt. Es war ursprünglich ein Denkmal für die Gefallenen des Ersten Weltkrieges. Gleich daneben an der Straßeneinmündung steht die barocke Antonikapelle. Der Ortsteil Zigeunerei hat seinen Namen von den Zigeunern, die früher hier gelagert haben, weil ihnen der Zugang zur Stadt verwehrt wurde. Jetzt ist hier ein Industrieunternehmen untergebracht, es gibt einen Fußballplatz und ein Gasthaus. Östlich sieht man auf den Zosum (1065 m) und auf den Holm (962 m). Am Westhang gibt es ein ehemaliges Hegerhaus mit dem poetischen Namen „Himmelreich", das heute eine Pension ist. Vor der Zigeunerei steht an der Straßenbiegung die Zwölfjüngerkapelle.

Etwa 150 m nach dieser Kapelle biegen wir links ab in die Straße nach Kavrlík. Vor dem Ort verlassen wir den Fahrweg und gehen am Wald entlang auf die Anhöhe hinauf. Links sieht man einen Bunker. Er gehört zur Befestigungslinie, die 1937 errichtet worden ist. Von einem Wegkreuz aus halten wir uns, der *roten Markierung* folgend, bis zu einer Weggabelung auf der Rindlauer Höhe. Dann geht es nach links, nach Žlibek. Versteckt in der Vegetation befinden sich hier weitere Bunker und das Dorf **Žlibek** (860 m). Es wurde 1402 erstmals urkundlich erwähnt und gehörte ursprünglich zur Karlsburg, bis es 1584 an die Stadt Kašperské Hory verkauft wurde. In der Ortsmitte gibt es eine Kapelle, die man 1994 restauriert hat. Das Wasser aus einer nahen Quelle fließt in einen Trog, einen so genannten „Grant", den man aus einem mächtigen Baumstamm hergestellt hat. Hinter

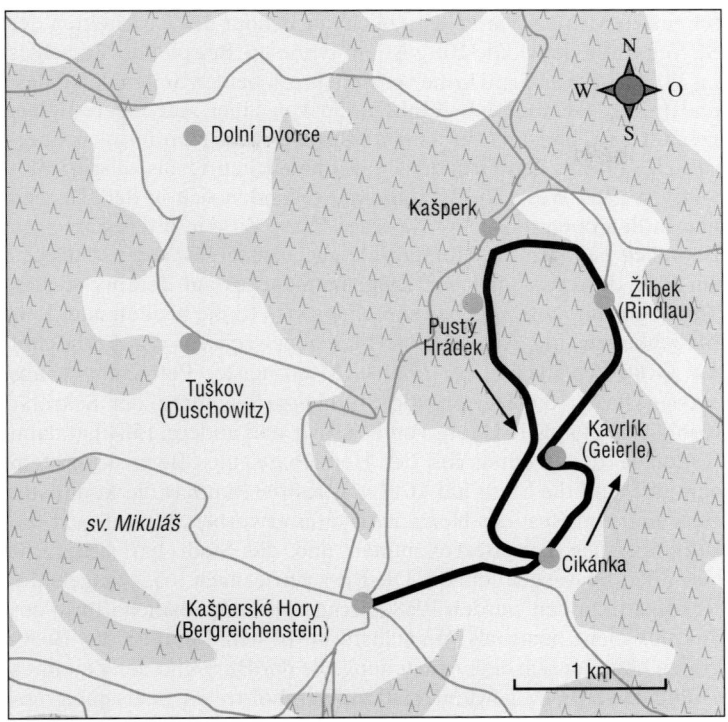

Žlibek halten wir uns der *gelben Markierung* nach auf das Ödschlössl zu, das in 925 m Höhe liegt. Von hier reicht der Blick bis zum Rachel am Horizont. Ein Pult mit einer Karte erleichtert uns die Orientierung. Das Ödschlössl war ursprünglich eine vorgeschobene Befestigungsanlage, die zusammen mit der Burg angelegt worden ist.

Wir wandern dann weiter zum Sattel am Fuße der **Karlsburg**. Die Anlage trägt den Namen des Gründers Karls IV. und wurde in den Jahren 1356 bis 1361 zum Schutz der Landesgrenzen, des Goldenen Steiges und auch der reichen Goldgruben und Goldwäschereien gebaut. Eine Urkunde besagt, dass die Burgbesitzer zugleich die Gerichtsbarkeit für den Prachatitzer Kreis innehatten. Veit Hedvábný hat den Bau der Burg geleitet. Der eigentliche Baumeister war wahrscheinlich Michael Parler, angeblich der Bruder des Architekten der St. Veitskathedrale. Die Burg ist ein typisches Beispiel des Baustiles im 14. Jh. Zwei eckige Türme verbinden von beiden Seiten den Palast und bilden mit ihm eine Einheit, die von einer Außenbefestigung geschützt ist. Sie steht auf einem schroff abfallenden felsigen Bergrücken und hat den Grundriss eines länglichen Ovals, ausgerichtet von Ost nach West. Die Wohnräume befanden sich in den Türmen und in den oberen Stockwerken des Palas. Zu den interessantesten Bauteilen gehören die Steinportale, die Fenstergewänder und auch ein Rest des ursprünglichen Ziegelhelmdaches auf dem westlichen Turm. Als Burgherren haben sich eine ganze Reihe bedeutender Persönlichkeiten und Adelsgeschlechter abgewechselt: der Erzbischof Jan Očko aus Vlašim, der oberste Münzmeister Petr Zmrzlík aus Svojšín, ferner die Herren von Sternberg, Švamberg, der Sekretär König Ferdinands I., Georg von Lokšany, und andere. 1584 hat dann Rudolf II. den größten Teil des Herrschaftsgutes Bergreichenstein verkauft, und die Stadt hat 1617 von Kaiser Mathias die komplette Burg und den Rest des Herrschaftsgutes erworben. Damals war die Burg ziemlich heruntergekommen und die Stadt hat sich nicht besonders um sie gekümmert. Die Burg verfiel nach 1655 weitgehend. Rekonstruktionen wurden 1968 durchgeführt. Der östliche Turm des Palastes dient heute als Aussichtsturm. In den Räumen des Burggrafen befindet sich eine Ausstellung, die der Burg und der Zeit ihres Gründers Karls IV. gewidmet ist. Im Burghof treten Laienspielgruppen in mittelalterlichen Gewändern auf.

Von der Burg aus gehen wir zurück zum Burgfuß, wo eine Touristenkarte angebracht ist. Dann halten wir uns rechts, der *grünen Markierung* nach, und kommen nach 100 m auf einen Waldweg, der nach Kavrlík führt. **Kavrlík** wurde erstmals 1526 genannt, als hier ein Stollen für den Goldbergbau entstanden ist. In der Nähe des Ortes steht eine barocke Kapelle, gegenüber ein typisches Böhmerwaldhaus mit einem Halbwalmdach, einem hölzernen Schild und einem Glockentürmchen. Dieses Haus hat im vorigen Jahrhundert der Maler des Böhmerwaldes Karl Liebscher gezeichnet. Von Kavrlík aus, der deutsche Ortsname „Geierle" bedeutet „Dörfchen", halten wir uns talwärts über die Viehweide und den Oppelitzer Bach und dann wieder hinauf zur **Zwölfjüngerkapelle**. An der tiefsten Stelle

Ritterspiele im Innenhof der Karlsburg.

beim Oppelitzer Bach liegen einige Seifenhügel aus Sand, Kies und Schotter, Überreste der mittelalterlichen Goldwäscherei. Westlich der Zwölfjüngerkapelle war in der Vergangenheit die Hinrichtungsstätte der Stadt. Hier hat man die zum Tode Verurteilten geköpft. Der Sage nach kam es auf einem Feld bei dieser Kapelle zu einem bewaffneten Kampf zwischen den katholischen Bergreichensteinern und Hussiten aus der Umgebung. Die geschlagenen Hussiten wurden danach bis in die Gegend von Strakonitz verfolgt. Durch das Wiesental kommen wir zum Rand der Koppeln und zur Fahrstraße und nach links zum Ausgangsort zurück.

Wanderkarte
SHOCart GeoClub Nr. 34 „Šumava, Železnorudsko, Povydří, Churáňov"

Weitere Auskünfte
Město Kašperské Hory, Náměstí 1, CZ 34192 Kašperské Hory

22 Auf dem Bergreichensteiner Goldgräberweg

Ein vergleichsweise kurzer Weg bei geringen Höhenunterschieden und auf gut zu gehenden Routen durch eine abwechslungsreiche Landschaft.

Anfahrtsorte: BRD: Bayerisch Eisenstein / CZ: Kašperské Hory
Ausgangspunkt: Marktplatz von Kašperské Hory
Länge: 6 km
Gehzeit: 2 Stunden
Anstieg: 100 m

Kašperské Hory (Bergreichenstein) – Prostřední Ml. Zlatý p. – Mlýn na rybríce – Kašperské Hory

Ins Naturschutzgebiet im Süden der Stadt

Die früher königlich freie Bergstadt Kašperské Hory ist mit 739 m Höhe über dem Meeresspiegel Böhmens höchstgelegene mittelalterliche Stadt mit vielen Relikten aus der Gotik und eigentlich eine Bergwerksgemeinde, die in der Zeit von Johann von Luxemburg Bergstadt und Zentrum des wichtigsten Goldreviers im tschechischen Königreich in der Vorhussitenzeit wurde. Das Revier nahm in der Richtung Ost-West eine Breite von zwei bis drei Kilometern von Zosum bis zur Kiesleiten ein. Der Kern war der Zoller Bach im Amaliental südlich der Stadt. Man hat auch direkt in der Stadt gegraben. Zum Beispiel die Grube „Fleischladen" war bis zum 18. Jh. direkt auf dem Marktplatz unterhalb der Kirche angelegt. Heute steht hier ein Warenhaus. Auf dem Platz des ehemaligen Stollens sind mittelalterliche Aufbereitungstechniken wie Mahlsteine und Brocken mit schüsselförmigen Vertiefungen als Denkmal platziert. Die Mahlsteine waren Bestandteile der Mühlen zum Mahlen der Kieselsteine, die das Gold enthielten. Auf den Steinen mit den Vertiefungen zermahlte

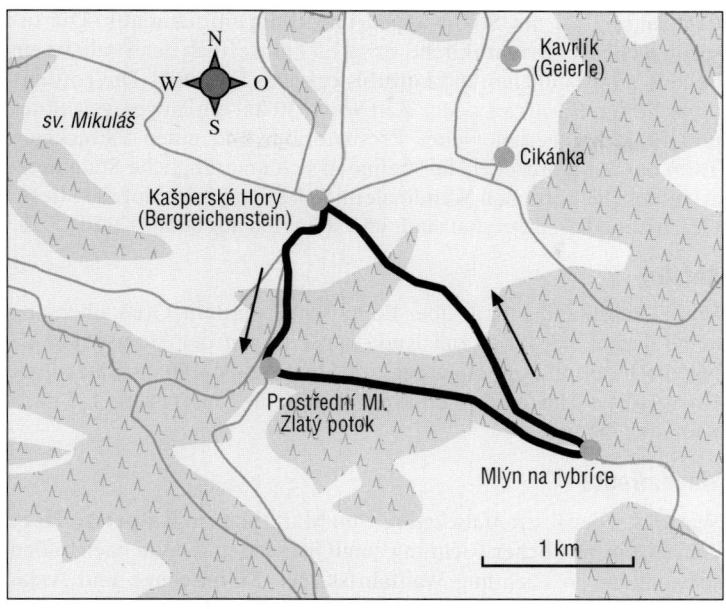

man den Goldsand, aus dem man mit Amalgam, einer Quecksilberverbindung, das kostbare Erz gewann. Goldklumpen aus den Goldgruben wurden als Andenken an die Zeit der Goldgewinnung an der großen Silbermonstranz in der Kirche Zur heiligen Margarethe angebracht.

Eine Holzskulptur aus dem ersten Viertel des 16. Jh., die heilige Margarethe darstellend, befindet sich im Böhmerwaldmuseum von Kašperské Hory. Das Werk ist von hoher künstlerischer Qualität und stammt aus der Zeit des wirtschaftlichen und kulturellen Aufschwungs der Stadt. Die Bürgerschicht präsentierte sich damals auch durch die Kunstwerke, welche die Fassaden der öffentlichen Gebäude und vor allem der Kirche schmückten. Der Schöpfer der Holzskulptur, ein anonymer Holzschnitzer, wird „Meister der Beweinung" genannt. Er hat im ersten Drittel des 16. Jh. die Bildhauerei im südöstlichen Teil Böhmens stark beeinflusst. Die St. Nikolauskirche in Kašperské Hory hat im Kirchenschiff eine gemalte Holzdecke aus dem Jahre 1700 mit Stadtwappen und Blumenornamentik. Die ursprüngliche Bergbauernkirche, etwa 1,5 km westlich der Stadt, ist ein bedeutendes bauliches und kunsthistorisches Denkmal. Die gotische dreischiffige Basilika aus der Zeit vor 1330 hat ein langes, gewölbtes und fünfeckig geschlossenes Presbyterium und einen viereckigen Turm auf der Nordseite. Hier befinden sich ursprüngliche Steinmetzarbeiten. Die gotischen Wandmalereien beziehen sich auf die älteste Geschichte dieser Bergbaustadt und stammen aus dem 14. und 15. Jh.

Anfahrt

Von Deutschland geht es über Bayerisch Eisenstein, Grenzübergang am Bahnhof, nach Železná Ruda zunächst auf der Staatsstraße 27 bis zur Höhe 925 m. Hier auf der Staatsstraße 190 ostwärts über Nová Hůrka–Hartmanice und rechts ab in die Staatsstraße 145 nach Kašperské Hory.

Wanderroute

Wir folgen der *roten Markierung* vom Marktplatz in **Kašperské Hory** zunächst in westlicher Richtung zum Ortsrand und dann nach Süden schwenkend in Richtung Wallfahrtskirche Mariaschnee und Amaliental/Zoller Bach. Dieser Weg gehörte zum Goldenen Steig, der von Passau über Kašperské Hory auf Befehl von Karl IV. von 1356 bis 1366 ausgebaut wurde. An der linken Seite zum Tal, etwa 40 m unterhalb am Hang, war früher der so genannte „Erbstollen St. Johann", der zur Entwässerung der Stadt und der Umgebung diente. Er wurde im 14. Jh. angelegt und im 19. Jh. zum großen Teil zugeschüttet. Dahinter befinden sich zwei bedeutende Bergbauanlagen, links „Füchsel-Spannreifel" und rechts „Friedholz". Hier an den Hängen sieht man viele Löcher, also Halden oder Pinken, durch die die Bergleute die Goldadern verfolgten. Wir gehen am Tal entlang und vorbei an den Resten der ehemaligen Häuselmühle. Das Gebiet steht unter Naturschutz. Hier am Zoller Bach und an der nahen Losnitz standen im Mittelalter viele Aufbereitungsanlagen für das Golderz, also Mühlen und Stampfen. Zur Zeit Johanns von Luxemburg waren es mehr als dreihundert solcher Mühlen. Der Markierung folgend kommen wir an der Zündholzfabrik des J. Simlik vorbei. In einem der Stollen hat man eine seismographische Station untergebracht. 200 m östlich der Weihermühle befindet sich ein geologischer Forschungsstollen, der früher zur Förderung von Gold und Wolfram diente. Am gegenüberliegenden Hang liegt die Gemeinde Červená (Rothsaifen). Sie ist schon 1356 erwähnt worden und eng mit der Goldgräberei verbunden. Im deutschen Namen steckt das Wort „Seifen", also Gold mit Hilfe von Wasser gewinnen. Auf der *blau markierten Route* kommen wir auf die „Wäsch", einen Stadtteil von Kašperské Hory. Der Name stammt vom Waschen der Goldkieselsteine und des Goldsandes. An den Hängen über der Straße erkennt man jetzt noch Spuren des alten Bergbaues: Löcher, Gräben, Wälle, Stollen und Schächte. Hier gab es im 15. Jh. 37 Gruben, von denen man heute noch einige lokalisieren kann. Über dem ehemaligen Freibad befindet sich rechts ein Abzweig in Richtung archäologische Reservation. Hier gibt es eine mittelalterliche Aufbereitungsanlage von Golderz als Forschungsobjekt des volkstechnischen Museums und des Böhmerwaldmuseums. Man sieht Reste der Glühöfen für Kieselsteine. Schließlich kommen wir zurück zum Marktplatz. Im Böhmerwaldmuseum kann man sich über die Goldgewinnung näher informieren.

Wanderkarte
SHOCart GeoClub Nr. 34 „Šumava, Železnorudsko, Povydří, Churáňov"

Weitere Auskünfte
Město Kašperské Hory, Náměstí 1, CZ 34192 Kašperské Hory

23 Zum Stubenbacher See

Die hier beschriebene Route zum reizvollen Karsee ist auf dem Hinweg einfach und verläuft, wenn auch zum Teil steil, über gute Forstwege. Der Rückweg wird schon etwas schwieriger, und man kann die Wanderung auf den Mittagsberg (1314 m) ausdehnen, wo sich ein Aussichtsturm befindet, der einen herrlichen Rundblick gewährt.

Anfahrtsorte: BRD: Bayerisch Eisenstein / CZ: Prášily
Ausgangspunkt: Parkplatz an der Straße nach Hartmanice
Länge: 10 km
Gehzeit: 3 Stunden
Anstieg: 250 m

Prášily (Stubenbach) – Gruberg – Liščí díra – Prášilské jezero (Stubenbacher See) – Prášily

Zum Karsee im Nationalpark Šumava

An der Westgrenze der Tschechischen Republik zur Bundesrepublik und zu Österreich wurden umfangreiche Teile des Grenzwaldes 1991 zum Nationalpark erklärt. Tschechien hat drei solcher Nationalparks. Davon ist der Nationalpark Šumava mit einer Fläche von 69.030 ha der größte. Dieser Nationalpark wird dank der wenig dichten Besiedlung, der reichen Wasserquellen und der guten Erhaltung der Natur das „Grüne Dach Europas" genannt. Er umfasst Karseen, Hoch- oder Talmoore, Reste von Urwäldern und hat Hochplateaus und markante Gipfel in seinem Zentralteil sowie tief eingeschnittene Täler mit Wasserläufen, wie die Vydra oder die Křemelná. Attraktiv sind auch Relikte der Eiszeit wie Gletscher- und Karseen. Der Šumava (vom Tschechischen „šumět", „rauschen, brausen") bildet die europäische Wasserscheide zwischen der Nordsee und dem Schwarzen Meer. Es überwiegt Waldvegetation mit vielen seltenen Pflanzen. Der „rauschende" Nationalpark Böhmens hat eine lange Naturschutztradition. Karl IV. hat bereits 1355 in seinem Gesetzbuch Majestas carolina

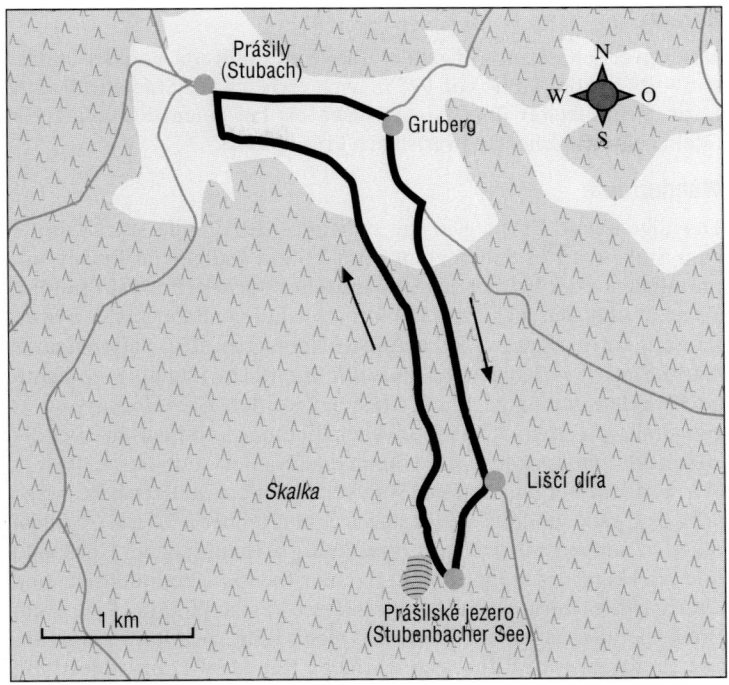

zum Schutz der königlichen Wälder aufgerufen. Die Schwarzenberger als Großgrundherren in diesem Gebiet haben vor allem den Schutz der Tierarten, insbesondere der Bären, festgeschrieben. Bereits 1858 ist der Boubinský prales (Kubanyurwald) zum Naturschutzgebiet erklärt worden. 1910 hat man das Gebiet der Vydra (Widra) unter Schutz gestellt, 1911 das Gebiet um den Teufelssee und den Schwarzen See. Eine Informationsstation für den tschechischen und den bayerischen Nationalpark befindet sich in Bučina (Buchwald) auf tschechischer Seite. Hier werden in zweisprachigen Tafeln Informationen vermittelt. Das Ziel ist ein bilateraler Nationalpark. Die Kernzone auf böhmischer Seite verläuft entlang des Grenzkammes von Domažlice, Klatovy, Sušice, Železná Ruda, Vimperk, Prachatice und Volary.

135

Anfahrt

Von Bayerisch Eisenstein geht es über Železná Ruda, von der Staatsstraße 27 auf der Höhe von 925 m nach rechts in die Staatsstraße 190 abzweigend, weiter über Nová Hůrka bis bei einem Parkplatz vor Skelná ein Sträßchen südwärts nach Prášily führt.

Wanderroute

Der eigentliche Einstieg in die südwärts verlaufende Wanderroute zum Stubenbacher See beginnt etwa 1,5 km östlich von Prášily, unmittelbar vor der Brücke des **Stubenbacher Baches (Prášilský potok)**. Es empfiehlt sich nicht, in der Wegeinbuchtung an der rechten Straßenseite zu parken, weil die Aufsichtspersonen des Nationalparks sofort Strafen verhängen. Es muss der öffentliche und kostenpflichtige **Parkplatz** schräg gegenüber benutzt werden. Die *Markierung* ist *gelb* und nach etwa 150 m in südlicher Richtung kommen wir über die Brücke des Stubenbaches und durch eine Niederwaldlandschaft.

Wir wandern bergauf und der Weg verzweigt bei **Slunečná**: Zum See geht es geradeaus, links geht es nach Srní (Rehberg, 7,5 km). Nun ist die *Markierung grün* und wir steigen stetig bergauf, jetzt im Hochwald und am Hang, der rechts abfällt. In einer Lichtung befindet sich eine überdachte Sitzgruppe. Sie heißt **Liščí** und liegt auf 993 m Höhe. Zum Předěl geradeaus sind es 2,5 km und rechts leitet die Markierung zum See. Prášily ist mit 5,5 km ausgeschrieben. Die *Markierung* ist jetzt *rot*, und im Rechtsbogen ansteigend überqueren wir eine Brücke. Dann schwenkt der Weg immer noch aufwärts nach links über eine weitere Brücke in den lichten Wald und im Linksschwenk nach einer Lichtung nochmals steil hoch. Eine überdachte Informationswand mit Sitzen und Bänken wird erreicht. Der Weiterweg ist für Fahrräder gesperrt. Es geht über einen Schotterweg steil zum **Stubenbacher See**. Oben kommen wir über einen Bohlensteig zum Ufer. Auch hier gibt es eine Hütte mit Informationstafeln. Wir sind auf 1079 m Höhe. Der See ist etwa 3,5 ha groß und viele Wildenten warten auf Futter von Wanderern. Der Weiterweg führt an der Hütte vorbei, über einen Pfad, der mit einem Geländer versehen ist, durch ein Revier mit weitgehend abgestorbenen Fichten. Den vom Borkenkäfer zerfressenen Wald hat man zum Teil bereits abgeholzt. Es wächst Mischwald nach. Borkenkäferfallen sind aufgestellt und die *Markierung* ist *rot*. Wir

Unterwegs zum Stubenbacher See.

wandern durch eine Blockwildnis in den Hochwald hinein. Auch hier ist der Boden mit Felstrümmern bedeckt und es wird steiniger. Ein wurzelreicher und felsiger Pfad führt am Hang über dem Bach entlang, zunächst relativ eben, dann steil hinunter. Von links mündet ein Weg ein und es wird nochmals steil. Steilstücke wechseln nun ab mit flachen Wegabschnitten. Aber wir bleiben immer am Hang hoch über dem Stubenbach. Endlich kommen wir dem Tal nahe, eine Lichtung wird sichtbar, die wir durchqueren. Jenseits des Tales an einem Berghang sieht man ein Gehöft. Am Waldrand sind Steinmandln aufgestellt und wir kommen am Ende der Lichtung zu den Häusern von **Prášily**. Ein Querweg nimmt uns auf, dem wir nach rechts hinunterfolgen. Dieser Forstweg mündet kurz vor Prášily auf die Fahrstraße Prášily–Srní und hier halten wir uns rechts zurück zum **Parkplatz**.

Wanderkarte
SHOCart GeoClub Nr. 34 „Šumava, Železnorudsko,
Povydří, Churáňov"

Weitere Auskünfte
Informační středisko Železná Ruda, Klostermannovo nám. 26,
CZ 34004 Železná Ruda

24 Von Rehberg zur Vinzenzsäge

Die Wanderung ist lang und anstrengend. Der Aufstieg von der Vinzenzsäge nach Rehberg ist steil und lang. Der Abstieg hinunter ins Vydratal über einen verwachsenen, felsübersäten und wurzeldurchzogenen Pfad schwierig. Eine Erholung bietet der Talweg. Hier gibt es auch eine Einkehrmöglichkeit.

Anfahrtsorte: BRD: Bayerisch Eisenstein / CZ: Srní
Ausgangspunkt: Parkplatz an der Vinzenzsäge (Čeňkova Pila)
Länge: 12 km
Gehzeit: 4,5 Stunden
Anstieg: 300 m

Čeňkova Pila (Vinzenzsäge) – Udoli – Srní (Rehberg) – Hrádky (Schlüsselwald) – Vydra (Vidratal) – Kramlův mlýn (Bruckmühle) – Čeňkova Pila

Zum Fuß des Spáleny und ins Wildwassertal

„Unten braust der Fluß meilenweit hörbar, seine klaren Wellen schäumend und brüllend an den zahllosen mächtigen Felsblöcken brechend, die sein Bett ausfüllen. Die braune, an tiefen Stellen pupurschwarze Flut scheint aufgelöst in silbernem Schaum. Die mächtigen Geröllstücke sind oft kugelförmig abgeschliffen und sonderbar ins Innere hinein ausgewaschen ...“ Das schreibt der Schriftsteller Karel Klostermann über die Vydra, durch deren Schlucht wir wandern. Hier steht auf halbem Wege die Turnerova chata, die Thurnerhütte, eine Gastwirtschaft. In der Hütte wird über eine Jahrhundertflut des Jahres 1993 berichtet, die den Wanderweg überschwemmte, Dämme und Brücken brach, so dass der Weg erst 1994 wieder freigegeben werden konnte. Hier ist die Kernzone des Nationalparks Šumava. Man darf also die Wege nicht verlassen, und das ist zum Schutz der Tiere gut so. Was es zu wissen gibt, darüber erzählen Informationstafeln. Neben dem Eisvogel und dem Wasserstar sind an Vögeln der Uhu, der Kern-

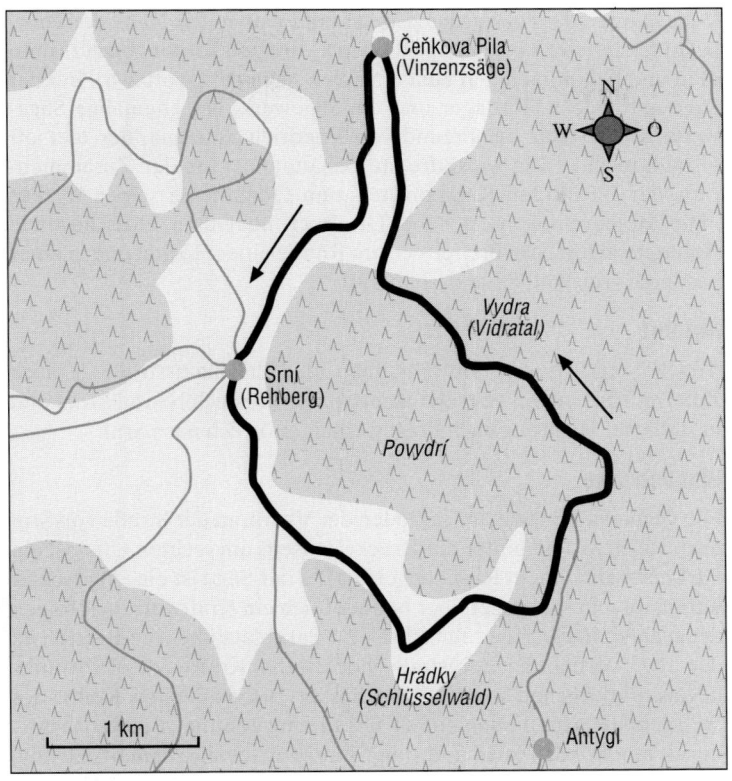

beißer, das Waldhaselhuhn und der Bussard hier zu Hause; beim
Niederwild der Fuchs, der Dachs und der Luchs; im Wasser der Fisch-
otter – die alle ihre Ruhe brauchen. Am Flussufer ziehen sich zum Teil
Geröllhänge hoch und man sieht auch Felsentürme, auf denen
Wackelsteine sitzen. Der höchste Felsturm heißt „Jungfrau". Andere
haben Namen wie „Altes Weib", „Mönch" oder auch „Letzter Zahn".
Die riesigen ausgewaschenen Steinblöcke am Bach nennt man
„Riesentöpfe", die Ausbuchtungen an ihnen sind über Jahrhunderte
entstanden, wenn ein Steinkörnchen sich in einem Ritz des Felsen
eine Mulde schaffte, und allmählich Aushöhlungen bis zur Größe von

139

Badewannen daraus wurden. Einige sieht man in der Nähe der Thurnerhütte. Bei der Vinzenzsäge fließen Vydra und Kieslingbach zusammen und bekommen den neuen Namen „Otava" (Wottawa). Bei der Säge gab es ein Holzlager und ein Sägewerk; der ehemalige Sägewerksbesitzer war ein Freund von Friedrich Smetana, der hier oft Urlaub machte. Ein Musikfreund behauptete, dass der Zusammenfluss der Bäche den Komponisten zum Quellthema seines Werkes „Die Moldau" inspiriert habe. Der hoch über dem Fluss liegende Böhmerwaldort Srní breitet sich am Rande einer Hochebene in einer besonders reizvollen Landschaft aus.

Anfahrt

Von Bayerisch Eisenstein fährt man über die Staatsstraße 27 nach Železná Ruda, dann über die Staatsstraße 110 nach Nová Hůrka und in südlicher Richtung nach Prášily, von hier östlich nach Srní.

Wanderroute

Die **Čeňkova Pila** liegt im Talboden der Vydra, an der Straße von Srní nach Rejštejn, und hinter der Brücke, jenseits am rechten Ufer, ist ein Parkplatz mit einem Kiosk angelegt. Bei der Säge ist eine Wirtschaft untergebracht und gegenüber befindet sich ein Kraftwerk. Wir folgen der *blauen Markierung*, zunächst vom Parkplatz über die Brücke, an der Säge vorbei, die Bergstraße hoch – das Kraftwerk bleibt links liegen – und gehen in den Wald hinein. Bei der ersten Kehre des Weges bauen sich Felsen auf. Der Weg schwenkt nach einer Rechtskurve wieder nach links und steigt weiter an, erreicht eine Lichtung, ein Haus steht hier, und am Hang geht es weiter aufwärts, an Häusern vorbei zu einer nächsten Rechtskehre, durch Weideland immer aufwärts. Nach einem weiteren Rechtsschwenk kommt eine Linkskehre. Dann überschreiten wir eine Bachbrücke, nach der Bachbrücke und der nächsten Rechtskurve biegt links ein Pfad an Häusern vorbei in den Wald hoch. Ziemlich genau auf der Höhe eines Hauses kommt der Pfad wieder hinaus auf den Fahrweg. Wir folgen dann diesem nach links, immer noch bergauf durch eine Lichtung, wo vereinzelt Häuser stehen, zum Teil aus Holz und mit kleinen Türmchen.
Schließlich erreichen wir auf der Hochfläche die Häuser von **Srní**. Die Ortschaft liegt in einer großen Rodungslichtung. Es gibt hier Gast-

höfe, und nach dem Marktplatz halten wir uns links weg, dem *Schild Modrova* nach. An einem Restaurant und der Kirche, die mit Holzschindeln verkleidet ist, vorbei folgen wir der *gelben Markierung.* Noch im Ort geht es bergab. Rechts ist bereits Weideland, das in einen kleinen Talboden abfällt. Nach dem Ortsbereich macht die Straße wieder Bögen, zuerst nach rechts, dann nach links, und sie führt recht steil bergab. Jenseits am Hang sehen wir eine Häuserreihe und im weiteren Rodungsgelände verstreute Gehöfte. Nach Rechts- und Linksschwüngen des Weges kommen wir ganz unten im Tal zu einem Bachlauf. Beim ersten Haus, das wir jetzt erreichen, verläuft ein Pfad parallel zur Straße, der einen Straßenbogen abschneidet. Dann überquert er die Straße. Wir kommen über einen kleinen Steg und folgen der Markierung zwischen Gestrüpp und Bäumen leicht aufwärts. Schließlich wird der Hochwald erreicht. Die Route verläuft ein Stück parallel zu einer Fahrstraße und mündet in diese ein. Wir halten uns links, kommen dann gleich in eine Lichtung mit einem Haus an deren Ende. Wir sind im Bereich des Schlösselwaldes und 927 m hoch. Hier befindet sich ein Gasthaus.

Die *gelbe Markierung* leitet uns nach links in östliche Richtung. Wir passieren ein schönes Holzhaus im Böhmerwaldstil und ein älteres Haus. Eine Allee nimmt uns auf. Dann geht es im Linksbogen zwischen die Bäume und im Rechtsschwenk auf einen Forstweg. Hier halten wir uns rechts aus dem Waldstück hinaus und gehen durch eine Rodungslichtung mit Holzhäusern. Am unteren Lichtungsrand, nach dem letzten Haus, wird der Weg schlechter. Ein Pfad führt steil hinunter über Stock und Stein und über Wurzeln zum Ufer der **Vydra**. Der Fluss ist voller Steinblöcke. Wir gehen links am Ufer weiter, durch das Blockmeer, kommen zu einem Holzhaus und zu einer kleinen Lichtung und endlich zu einer Brücke. Sie führt uns auf die andere Flussseite. Hier sind Wegweiser angebracht. Links geht es zur Turnerova chata (Thurnerhütte). Es ist eine wunderbar angelegte Forststraße mit einem Geländer zum Flussufer. Sie führt zwischen Felstürmen und Geröllhängen durch die Flussschlucht. Nach kurzer Zeit haben wir das **Gasthaus Thurnerhütte** erreicht. Die Terrasse ist direkt über einen Bachzufluss gebaut. Wir folgen dem Bachlauf weiter, der *roten Markierung* nach. In Abständen gibt es Sitzbänke und Schautafeln sind angebracht, welche von der geologischen Beschaffenheit des

Flusses, von Fauna und Flora erzählen. Ein Steg ist in den Fluss hinausgebaut, damit man das Spiel des Wassers zwischen den Felsblöcken betrachten kann. Schließlich erreichen wir in Höhe des Kraftwerkes eine Schranke und den Parkplatz am Vydra-Ufer.

Wanderkarte
SHOCart GeoClub Nr. 34 „Šumava, Železnorudsko, Povydří, Churáňov"

Weitere Auskünfte
Informační středisko Železná Ruda, Klostermannovo nám. 26, CZ 34004 Železná Ruda

Weitere Wandervorschläge von Bayerisch Eisenstein aus

Von Spitzberg auf den Panzerberg (10 km, 3 Stunden)
Špičák (Spitzberg), *blaue Markierung* – Habr (1203 m), *rote Markierung* – Tomandlův Křížek – Pancíř (Panzer, 1214 m) – *rote Markierung* zurück nach Špičák

Auf die Burg von Velhartice (15 km, 4 Stunden)
Velhartice (Velhartitz) – Hrad Velhartice (Burg Velhartitz), *blaue Markierung* – Nemilkov – Rajská Mlýn, *gelbe Markierung* – Rajský – Tvrdoslav – Nemikov, Bahnhof – *rote Markierung*, Velhartice

Der Lehrpfad bei Hartmanice (10 km, 3 Stunden)
Hartmanice (Hartmanitz), *Markierung blau und grün* – Hamižná, *blaue Markierung* – Jakubice (853 m) – Dobrá Voda (Gutwasser) – Pustina (Einöde), *grüne Markierung* – Březnik (St. Günthersberg, 1006 m) – Rovina (Ebene), *gelbe Markierung* – Karlov (Karlhof) – Peklo (Hölldörfel), *grüne Markierung* – Hamižná – Hartmanice

Aussichtsturm Svatobor (9 km, 3 Stunden)
Sušice (Schüttenhofen), *rote Markierung* – Svatobor (845 m), *gelbe Markierung* – Hrádek, *grüne Markierung* – Sušice

25 Von Stachau ins Moor von Churáňov

Der lange aussichtsreiche Anstieg auf guten Wegen endet in einem Ferienzentrum, und von hier wird eine hübsche Rundwanderung durch allerdings sumpfiges Waldland daraus, die beliebig ausgedehnt und variiert werden kann.

Anfahrtsorte: BRD: Philippsreut/Marchhäuser / CZ: Stachy
Ausgangspunkt: westliches Ortsende von Stachy
Länge: 14 km
Gehzeit: 4 Stunden
Anstieg: 300 m

Stachy – Vyšehrad – Říhov – Nové Hutě – Kůsov – Pod javorem – Churáňov – Malý Polec und zurück

Um den Churáňover Berg

Das Sommerurlaubs- und Wintersportgebiet Churáňov liegt am Rande des Nationalparks in Höhen bis um 1100 m westlich von Vimperk (Winterberg), der Stadt am Goldenen Steig. Die gleichnamige Burg war Ursprung der Besiedlung. Die meisten Bauten der Stadt sind auf einem Felsvorsprung über der Volyňka entstanden, hier zogen die Säumerkarawanen vorbei. 1479 wurde der Ort zur Stadt erhoben und befestigt. Es gab vier Stadttore und fünf Basteien. Heute noch sieht man einen Teil dieser Stadtbefestigung. Das eindrucksvollste Baudenkmal in Vimperk aber ist die Burg, die in der zweiten Hälfte des 13. Jh. von Purkart von Janowitz, dem Klingenberger Burggrafen, der ein Schützling von Otakar II. war, gebaut wurde. Der viereckige Wohnturm und ein Teil der Schutzmauern ist noch erhalten. Zwischen 1530 und 1560 hat man die Burg zu einem Renaissanceschloss umgebaut. Die heutige Gestalt geht auf Umbauten in den Jahren 1728 bis 1734 zurück und auf die Renovierung nach dem Brand des Jahres 1857. Die Mariahimmelfahrtskirche in Vimperk wurde 1365 im gotischen Stil umgebaut. Von den Bürgerhäusern der Stadt ist das Haus U jelena (Beim Hirschen) sehenswert. Seine Geschichte reicht ins beginnende 15. Jh. zurück.

Das westlich gelegene Stachy steht unter Denkmalschutz. Hier im Ort und in weiteren Gemeinden dieser Gegend, beispielsweise in Krousov, Kůsov, Šebestov, Churáňov, Chalupy oder Michalov, findet man typische Böhmerwaldhäuser. Es sind gezimmerte Holzbauten mit einem Halbwalmdach an der Stirnseite, das häufig mit Schindeln bedeckt ist. Zu den Besonderheiten im Ort gehören Holzhäuser mit Türmchen, in denen die so genannten Sterbeglocken angebracht sind. Das vermutlich älteste und kulturhistorisch bedeutsamste Haus ist Nr. 101 in Stachy-Chalupy.

Anfahrt

Von Philippsreut geht es über den Grenzübergang Marchhäuser auf der Staatsstraße 4 nach Vimperk und hier auf der Staatsstraße 145 in nordwestlicher Richtung nach Stachy.

Wanderroute

Am westlichen Ortsende von **Stachy**, der Ortskern bleibt links liegen, teilt sich bei einem Teich rechts unterhalb, wo es zu einer kleinen Siedlung hinausgeht, der Fahrweg. Wir halten uns geradeaus in *Richtung Zadov/Churáňov*. Zunächst folgen wir ohne Steigungen der Allee zum westlichen Ortsende-Schild. Rechts fällt das Land in eine sanfte Talmulde und wir wandern nach dem letzten Haus leicht bergauf auf einem befestigten Weg, der von Ebereschen gesäumt ist. Wir kommen durch Weideland und erreichen den Weiler **Michalov/Vyšehrad**. Hier befindet sich ein Pferdegut und wir halten uns im Linksbogen bergauf, wobei ein paar Häuser passiert werden. Auch hier säumen Bäume den Fahrweg. Unser Weg vollzieht nochmals einen Rechtsschwenk und, wo die Straße beim Ortsteil **Říhov** stark rechts abbiegt, gehen wir westwärts weiter hinauf. Wir folgen der *blauen Markierung*. Rechts tut sich Wald auf und links eine Baumreihe, und von dem Weiler **Kůsov**, den wir jetzt passieren, sind es noch 3,5 km bis Churáňov. Wir halten uns der Markierung nach von der Straße links hinunter durch eine Häusergruppe, die **Nové Hutě** heißt. Rechter Hand verläuft eine Pappelreihe. Vorab sehen wir auf ein

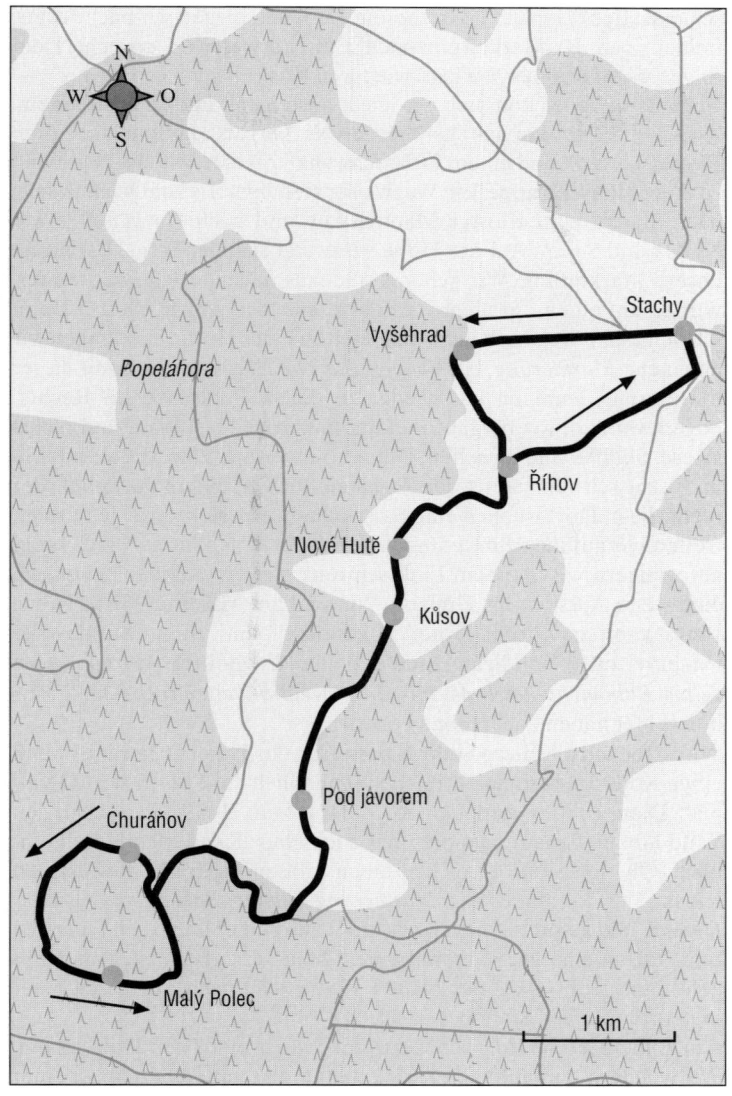

schlossartiges Gebäude. Vor diesem Gebäude biegen wir nach rechts, immer noch der Markierung nach. Ein Fahrweg wird erreicht. Dem folgen wir nach links. Wir sind wieder in **Kůsov**.

Nach dem Weiler kommen wir leicht ansteigend in den Wald hinein. Zwischen den Bäumen geht es etwas bergab, dann nach einem Rechtsschwenk und einem Linksschwenk kommen wir aus dem Wald zu einer Häusergruppe. Ein Wegweiser steht hier. Es geht nach Sušice, nach Stachy, zum Kloster Manoviskaly und nach Churáňov sowie Kvilda und Sadov. Auf der Höhe verzweigt sich der Weg. Hier endet unsere Markierung. Wir gehen geradeaus auf dem Fahrweg weiter, vorbei an einem großen Parkplatz auf der linken Seite. Dann schwenkt der Weg nach links und hoch zu einer Hütte. Hier haben wir eine neue *Markierung*, ein *Viereck, das zur Hälfte blau* ist. Auf dieser Markierung kommen wir wieder zu einem Parkplatz. Im Rechtsbogen wandern wir bergauf. Auf der linken Seite ist Wald und rechts Wiese. Skilifte sind zu sehen. Dann kommen wir zum Waldrand und im Rechtsschwenk steigt der Weg steil hoch zu einem Parkplatz, der rechts liegt. Dort ist auch eine Skischule. In der Kehre, die jetzt folgt, treffen wir auf die *Markierung gelber Balken*, und immer noch bergauf wandern wir in einem Linksschwenk weiter, und hier bietet sich eine weite Aussicht ins Umland. Wir sind am **Mládí** in 957 m Höhe. Links kann man zum Hotel „Churáňov" und zum Churáňovské Chalupy sowie zum Szlatá studna gehen. Es gibt die *Markierungen gelber Balken*, *blauer Balken* und das *weiß-blaue Viereck*. Die Sporthotels hier haben eine schöne Fernsicht.

Wir sehen auch weitere Skilifte, passieren das Hotel „Churáňov" und einen Konsumladen und erreichen schließlich das Sporthotel „Olympia". Dann geht es vorbei an der Zufahrt zum Hotel „Zadov" in den Wald hinein. Erneut passieren wir nach einer Kehre den Hotelkomplex „Olympia" und erreichen einen großen Parkplatz sowie einen Kiosk. Wir kommen zur *Markierung blauer Balken* und *grünes Dreieck* und gehen steil aufwärts am Waldrand entlang. Ein Querweg führt uns in eine Lichtung mit einem Haus, eine Bank steht hier. Es geht dann rechts weg, der *blauen Markierung* nach, vorbei an einer meteorologischen Station.

Am Ende der Lichtung schwenkt der Weg links in den Wald hinein. Wir wandern bergauf nach Südwesten und kommen bergab zu einer

Dreieckkreuzung. Hier geht es links weiter. Auf einem unbefestigten Weg durchqueren wir südwärts eine Senke und gehen hoch zum 1100 m hohen **Pod Churáňovským vrchem**. Bei den Wegweisern folgen wir der *gelben Markierung* in östlicher Richtung. Dann kommen wir zu einer Dreieckkreuzung mit Schildern. Hier halten wir uns links hinunter und haben neben der *gelben* auch eine *blaue Markierung*. Eine Fahrstraße wird erreicht. Die Stelle heißt hier **U police**. Der Fahrstraße folgen wir nach links, am Gasthof „Platan" haben wir eine großartige Aussicht über das Land. Wir gehen links in eine Querstraße, die Pension „Anna" wird passiert, und bergauf folgen wir den *Markierungen grün, gelb* und *blaues Dreieck*. Vorbei am Sporthotel „Olympia" kommen wir zurück zum großen Parkplatz und wandern dann auf dem Herweg wieder hinunter oder wir lassen uns mit dem Bus hinunterfahren.

Wanderkarte
SHOCart GeoClub Nr. 34 „Šumava, Železnorudsko, Povydří, Churáňov"
Fritsch Wanderkarte Nr. 60 „Mittlerer Bayerischer Wald, Böhmerwald, Naturpark und Nationalpark"

Weitere Auskünfte
Okresní úřad Klatovy, Plzeňská 90, CZ 33901 Klatovy

Steinerne Kapelle über Strážný.

26 Von Mader ins Dreiseenfilz

Eine bequeme Wanderung durch ein hübsches Flusstal mit einem steilen Aufstieg zum Filz. Nach einem längeren Waldweg folgt ein reizvoller Höhenweg mit weiter Aussicht.

Anfahrtsorte: BRD: Philippsreut, Grenzübergang Marchhäuser / CZ: Modrova
Ausgangspunkt: Parkplatz am Westrand von Modrova
Länge: lange Version 15 km, kurze 9 km
Gehzeit: 4 Stunden bzw. 2,5 Stunden
Anstieg: 300 m

Modrova (Mader) – Rybárna – Javoří Pila – Tříjezerní slat' (Dreiseenfilz) – Schätzův les – Modrova

Rund um den Adamova hora

Modrova liegt am Rande des Nationalparks Šumava, oberhalb des Ortes befinden sich die größten noch erhaltenen Standorte von Hochebenen-Torfmooren im Böhmerwald. Sie nehmen zusammen eine Fläche von immerhin 3615 ha ein und liegen in Höhenlagen von 1000 bis 1100 m. Auf Granit oder Gneisuntergrund hat sich von den Geröllquellen Wasser angesammelt und nach dem Ende der letzten Eiszeit vor 9000 Jahren Torfmoor gebildet. Stellenweise sind die Ränder der Moore klar zu erkennen, teilweise aber, wie man beim Wandern in diesem Gebiet sieht, breiten sie sich in den umliegenden Wäldern aus. Ihre Tiefe beträgt bis zu acht Meter. Diese Moore sind Wasserspeicher. Die Moore von Modrova werden vom Rachelbach entwässert (Roklanský potok), der ein Quellfluss der Otava ist. Seit 1933 stehen die Moore des Gebietes unter Naturschutz, so das Mlynářská und Rokytská slat' und weitere sechs Torfmoore. Das Dreiseenfilz ist mit seinen drei offenen Wasserflächen in der natürlichen Form erhalten geblieben. Hier wachsen, neben Moosen und Riedgras, Zwergkiefern und andere Moorpflanzen. Im Rokytská slat' gibt es siebzig klei-

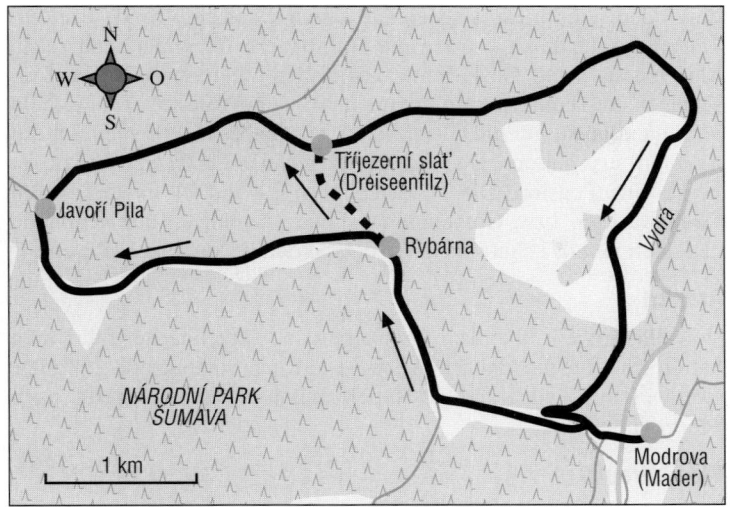

ne Seen mit einem Randbewuchs von Torflatschenkiefern, Zwergbir-
ken und der üblichen Torfflora. Hier ist der so genannte tote Wald
charakteristisch. Das sind abgestorbene und ausgebleichte Fichten.
Weitere Torfmoore sind nicht zugänglich.

Der Talort Modrova in 980 m Höhe ist ein Urlaubszentrum und liegt in
einer flachen Talmulde. Im 18. Jh. war der Ort noch eine Fischersied-
lung, bestehend aus einigen Hütten am Zusammenfluss der Bäche
Rachel-, Philippshüttener- und Mader- oder Lusenbach, die von hier
ab die Vydra bilden. Sie sind sehr fischreich, vor allem gibt es Forellen
und Lachse. Stärker besiedelt wurde der Ort erst nach 1800, als der
Tettauer-Kanal, der 2 km unterhalb des Ortes beginnt, für die Holz-
schwemme ausgebaut wurde. Damit wurde der damals reiche Perlmu-
schelbestand vernichtet und der Fischreichtum eingeschränkt. Statt
Fischer haben sich also Holzfäller angesiedelt, und bei der Brücke
über den Rachelbach hat man 1826 ein Sägewerk für Resonanzholz
gebaut. Das sind Holzplatten für Klaviere und Saiteninstrumente, für
das besonders dicht gewachsenes, gesundes Holz benötigt wurde.

1870 hat ein Orkan weite Teile des Waldes zerstört. Es soll die größte
Naturkatastrophe des Böhmerwaldes gewesen sein, und zwar weniger

149

durch den Windbruch, als vielmehr durch die nachfolgende Borken-
käferplage. Dadurch wurden die Waldbauern für einige Zeit reich.
Man musste sogar Gastarbeiter aus Italien holen, um mit dem Ein-
schlagen der Bäume nachzukommen. Mit dem Wohlstand war es bald
vorbei und nicht nur die Gastarbeiter zogen ab, sondern viele Bauern
mussten auswandern. Das einstige Sägewerk, ein Fachwerkbau, ist
heute eine Pension. Die Hausnummern 70 und 71 im Ort waren
Grenzwächter- bzw. Gemeindehaus. Die ehemalige Touristenbaude
„Klostermannova chata" gehörte dem Škodawerk in Plzeň (Pilsen).

Anfahrt

Von Philippsreut über den Grenzübergang Marchhäuser fährt man
bis Horní Vltavice, danach Abzweig auf der Staatsstraße 167 über
Borava Lada, Kvilda und auf Nebenstraßen über Filípova Hut' nach
Modrova.

Wanderroute

In **Modrova** gibt es einen großen Parkplatz, wo der Maderbach, der
Philippshüttener Bach und der Rachelbach zusammenfließen und
sich zur Vydra vereinen. Wir folgend der *blauen Markierung* in westlicher Richtung. Es geht über den Fluss und nach der Pension „Arnika" links hoch. Wir folgen dem Ufer des Rachelbaches (Roklanský
potok), der in einer breiten Talmulde liegt und von einer reizvollen
Auenlandschaft umrahmt ist. Rechter Hand steigt das Land leicht an.
In einer Lichtung steht ein Haus. Bei einer Brücke gibt es Wegweiser.
Die *rote Markierung* leitet zum Dreiseenfilz und wir sind im Naturreservat „Modraské slat'". Der befestigte Weg steigt leicht an und
schwenkt bei einer Wegeinmündung von rechts, die aus dem Wald
kommt, im Linksbogen weiter und erreicht einen Fahrweg, dem wir
nach links folgen, also weiter dem Fluss nach. Wir kommen zu einer
großen Lichtung mit einem Haus. Hier heißt es **Rybárna** und wir sind
in 1000 Meter Höhe. Der Weg teilt sich und wir schwenken rechts
hoch, sofern wir die kürzere Route in Richtung Dreiseenfilz nehmen
wollen.
Das eigentliche Fahrsträßchen folgt geradeaus dem Rachelbach. Es
sind dann noch 2,5 km, bis bei **Javoří Pila** die Pension „Ahornsäge",
eine frühere Gaststätte, erreicht wird und die *blaue Markierung* über

Steppenartige Landschaft auf den einstigen Hochweiden.

eine Forststraße von rechts einmündet. Dieser *blauen Markierung* müssen wir nach rechts hochfolgen, bis bei **Pod Oblikem** die *gelbe Markierung*, die uns über den kürzeren Weg hochgeleitet hat, einmündet und uns zum **Dreiseenfilz** bringt.

Hier ist eine Unterstellhütte mit Bänken und Tischen zu sehen, und links geht es nach ein paar Schritten zum Beginn des Dreiseenfilzes, das durch einen Bohlensteig erschlossen ist, auf dem man zu den drei Moortümpeln gehen kann. Auf Tafeln sind die interessanten Pflanzenarten, die hier wachsen, beschrieben. Wir sind auf 1069 m Höhe.

Der Weiterweg führt, wenn man zur Forststraße zurückgeht, links der *gelben Markierung* nach durch Hochwald und es geht ständig bergab. Nach zwei Straßenkurven wird der Wilhelmstein aus dem Jahre 1882 erreicht. Wir kommen zu einer Dreieckkreuzung und, wenn wir der *gelben Markierung* folgen, gehen wir in Richtung Vchynicko-Tetovskýkanal. Nach Wegstücken am Steilhang erreichen wir den Rand einer Lichtung. Auch hier gibt es Wegweiser. Ein Schild „Keilovna" will uns verleiten, zu einem der Häuser rechts am Hang hochzugehen. Wir halten uns aber weiter der Straße entlang über einen Bach und gehen rechts in eine Querstraße bis zu einer geländerlosen Brücke. Hier überqueren wir den Bach und folgen der *roten Markierung* rechts hoch zu einem Haus. Es ist das erste der kleinen Häusergruppe von **Rokyta**. Dann gehen wir am Lichtungsrand steil zum Wald hoch. Hier steht ein Gedenkstein aus dem Jahre 1890. Das gusseiserne Kreuz ist abgebrochen. Im Wald führt der Steig weiter aufwärts. Auf der rechten Seite gibt es Wiesenlichtungen, die durch Baumreihen voneinander getrennt sind. Wenn man eine dieser Lichtungen betritt, hat man eine weite Sicht ins Hochtal im Norden und auf die Waldhügel dahinter. Vor dem höchsten Punkt ist links eine aus Steinen geschichtete Mauer zu sehen. Hier fällt das Land steil ins Tal der Vydra ab.

Bei einer Wegverzweigung halten wir uns dann geradeaus weiter. Wir wandern auf einem Grat, bis der Weg angesichts einer Lichtung steil abfällt. Es lohnt sich hier auf die Lichtung hinauszugehen und über das Land im Südwesten zu schauen. Ein hübscher, aber steiler Weg zwischen Bäumen am Rande des Weidelandes nimmt uns auf. Ein Kreuz mit einem Sockel aus dem Jahre 1885 wird passiert und wir kommen hinaus in eine Steppe, die mit Büschen und Bäumen durchsetzt ist. Es ist ein wunderschöner weiter Hang, eine Art Parklandschaft. Der Pfad führt zum Teil durch Lupinenfelder hoch über der Vydra. Im Winter gibt es hier Skiloipen. Wässerchen fließen über den Hang. Weitere Steinsockel sind am Wegesrand zu finden. Die Kreuze hat man heruntergeschlagen. Auf der Höhe erreichen wir ein Haus. Nach ein paar Schritten kommen wir zum nächsten Haus und unten im Tal sieht man bereits den Ort **Modrova**. Der markierte Weg zweigt nun links ab über eine Wiese, führt steil hinunter, unter einem Skilift hindurch zum Gasthaus „Arnika". Über die Brücke geht es dann zurück zum Parkplatz.

Wanderkarte
SHOCart GeoClub Nr. 34 „Šumava, Železnorudsko, Povydří, Churáňov"
SHOCart GeoClub Nr. 35 „Šumava, Tromjezí, Pláně"

Weitere Auskünfte
Okresní úřad Prachatice, Velké nám 2, CZ 38301 Prachatice

27 Zur Moldauquelle

Empfehlenswert ist es, für die direkte Straßenverbindung Buchwald–Kvilda den Bus zu nehmen und den Höhenweg zur Moldauquelle zu Fuß zu gehen. Das ist ein guter Forstweg und lang genug. Die Verbindungsstraße Buchwald–Kvilda ist dagegen eher langweilig.

Anfahrtsorte: BRD: Philippsreut / CZ: Kvilda
Ausgangspunkt: Parkplatz an der Straße nach Buchwald
Länge: Hin und zurück 15 km, bis Buchwald 8 km
Gehzeit: 4 Stunden bzw. 2,5 Stunden
Anstieg: 300 m

Kvilda (Außergefild) – Hamerské Domky – Pramen Vltavy (Moldauquelle) – Bučina (Buchwald) – Kvilda

Wo die Warme Moldau entspringt

Kvilda ist die höchstgelegene Gemeinde des Böhmerwaldes. Hier verlief ein Zweig des Goldenen Steiges, und hier hat man im Frühmittelalter auch Gold gewaschen. Die neugotische Kirche aus den Jahren 1892 bis 1894, die an der Stelle einer alten Holzkirche des 18. Jh. gebaut wurde, ist dem heiligen Stephan geweiht. Am Altar befinden sich Bilder des heiligen Stephan, aber auch des Johann von Nepomuk und des heiligen Josef. Geschaffen wurden sie von František Sequens, der Professor der religiösen und historischen Malerei der Prager Akademie war.
Das Gebiet um Kvilda wurde erstmals im Zusammenhang mit der Goldgewinnung erwähnt, und zwar in einem Dokument von Johann von Luxemburg aus dem Jahr 1345. Die Siedlung Kvilda selbst entstand erst im 16. Jh., als Holzfäller hier ihre Hütten bauten. Die Gemeinde wuchs, nachdem im 18. Jh. eine Glashütte entstanden war. Wie es mit dem Bauernleben in Kvilda aussah, schildert der Schriftsteller Karel Klostermann: *„Ja, liebe Leser, wir befinden uns auf dem Hochplateau von Außergefild, wo weit zerstreut in hölzernen Hütten etwa eintausendzweihundert Leute fast ohne allen Ackerbau leben.*

153

Nur hie und da, wo die Lage besonders günstig ist, siehst du dann und wann ein Hafer- oder Kartoffelfeld, dessen Ertrag unter allen Umständen höchst problematisch bleibt, denn schon Ende September, wenn der Hafer noch grün ist, wenn die Kartoffel noch blüht, treten Fröste ein, streichen eisige Stürme über das Land, hüllen wirbelnde Flocken alles in ein dichtes Kleid. Der Schnee liegt bis zum Mai und erst im Juni beginnt die Saatzeit."

In der Nähe des Ortes, am Kvildaer Bach, kann man noch Spuren der Goldwäsche, die so genannten Seifen finden. Der Bergreichensteiner Goldene Steig führte seit 1366 durch das Gebiet. In den Wäldern in Richtung Staatsgrenze gibt es noch Spuren des Goldenen Steiges. Sie haben sich als tiefe Hohlwege in das Gelände eingegraben. Auf einer historischen Landkarte des Bergreichensteiner Goldenen Steiges aus dem Jahre 1736, die im staatlichen Zentralarchiv aufbewahrt wird, kann man nach deren Eintragungen die Überreste der historischen Wege ermitteln.

Die Moldauquelle, zumindest was offiziell als Moldauquelle gilt, ist als Rastplatz mit einem Denkmal ausgebaut, und eine Tafel erläutert Wissenswertes. Das eigentliche Quellwasser liegt in der Nähe, versteckt und unzugänglich, und es gibt ausgedehnte Hochmoore, die das Wasser für die Quelle sammeln.

Anfahrt

Von Philippsreut fährt man über den Grenzübergang Marchhäuser auf der Staatsstraße 4 in Richtung Vimperk (Winterberg), danach auf dem Abzweig hinter Vltavice; auf der Staatsstraße 167 geht es nach Westen über Borová lada nach Kvilda.

Wanderroute

Von **Kvilda** aus gehen wir in südlicher Richtung, dem Wegweiser *Bučina* nach. Hier gibt es einen Parkplatz und der Weiterweg verläuft dann nach rechts in einen für den öffentlichen Verkehr gesperrten Weg. Wir sind bereits auf 1055 m Höhe und folgen der *blauen Markierung* nach rechts. Auf den Wegweisern heißt es *Teplá Vlatava 1 km, Moldauquelle 5,5 km*. Ein Haus wird passiert. Dann geht es bergab in eine Senke und jenseits wieder hinauf über Weideland und in den Wald hinein. Im Wald halten wir uns ständig bergauf, eine Lichtung

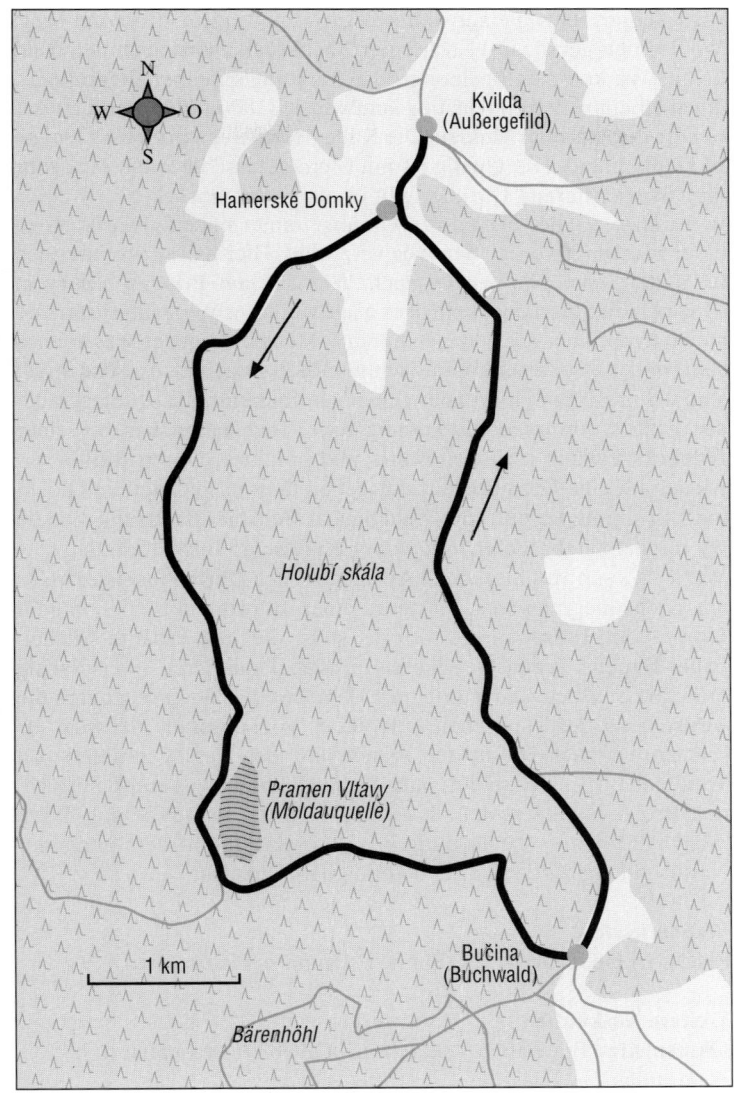

wird passiert und an einer weiteren Lichtung verzweigt sich der Weg. Wir bleiben geradeaus. Nach einer Bachbrücke wird auch der Wald lichter. Wir kommen zu einer großen Lichtung mit einer Sitzgruppe. Nach einem weiteren Aufstieg sind wir in 1180 m Höhe und an der Quelle der **Warmen Moldau**. Die Kalte Moldau entspringt am Haigel in Deutschland. Die Quelle ist mit Stein gefasst, über ein Holzrohr läuft Wasser heraus. Darüber gibt es eine Bohlenbrücke. Im Weiterweg folgen wir der *blauen Markierung*, immer noch aufwärts, bis zu einer Lichtung, wo sich der Weg verzweigt. Hier halten wir uns nach links, der *roten Markierung* nach. Wir sind am **Pramen Vltavy** in 1160 m Höhe. Geradeaus ginge es nach Modrova. Wir gehen links und steil bergab. Aber nach einigen hundert Metern steigt der Weg ebenso steil wieder an und wir kommen durch Rodungsgebiet. Am **Pod Stráží** sind wir in 1285 m Höhe. Hier gehen wir über eine Kreuzung geradeaus weiter, der *roten Markierung* nach, und halten uns bei einer Dreieckkreuzung rechts südwärts und hinunter. Unten treffen wir wieder auf eine Dreieckkreuzung, gehen links nach Osten und nochmals steil hinunter und zum Wald hinaus. Bei einer Kreuzung müssen wir uns dann links halten in *Richtung Kvilda* und Bushaltestelle.

Wer will, kann von hier einen Abstecher nach **Bučina** machen, wo es am Grenzübergang nach Finsterau einen Informationspavillon gibt. Unweit des Informationszentrums steht die neu erbaute Michelbauer-Kapelle, deren Geschichte im Kapelleninneren zweisprachig erläutert ist. Buchwald wurde nach dem Zweiten Weltkrieg durch die Vertreibung der Deutschen entvölkert. Von unserem Abzweig erreichen wir nach 300 m den Wendeplatz des Busses inmitten von Weideland. Von hier sind es nach Kvilda 7 km, und es empfiehlt sich, den Bus zu benutzen, der auf einer Straße fast immer bergab durch Wald fährt, bis er die Rodungsinsel von **Kvilda** mit dem Haus der Naturschutzbehörde und des Nationalparks erreicht.

Wanderkarte
SHOCart GeoClub Nr. 35 „Šumava, Tromjezí, Pláně"

Weitere Auskünfte
Okresní úřad Prachatice, Velké nám 2, CZ 38301 Prachatice

28 Das Königsfilz: schönstes Hochmoor des Böhmerwaldes

Eine bequeme, fast ebene Wanderung auf sehr guten bis guten Wegen, durch eine reizvolle und abwechslungsreiche Auenlandschaft, die man bei jeder Witterung und zu jeder Jahreszeit gehen kann.

Anfahrtsorte: BRD: Philippsreut / CZ: Borová Lada
Ausgangspunkt: Parkplatz von Svinná Lada
Länge: 10 km
Gehzeit: 2,5 Stunden
Anstieg: unwesentlich

Parkplatz Svinná Lada – Borová Lada (Ferchenhaid) – České Chalupy – Nový Svět – Šindlov – Nové Hutě – Parkplatz Svinná Lada

Ums Königsfilz

Bei Borová Lada mündet der Bach Vydři in die Warme Moldau (Teplá Vltava) und nach Norden ziehen sich von dieser Mündung ausgedehnte Filze unter dem Namen „Chalupská slat'" (Königsfilz) in einem trogförmigen Bachtal. Sie zählen zu den schönsten Hochmooren des Böhmerwaldes, und 140 ha etwa sind durch einen Bohlenweg erschlossen. Am Moorsee gibt es eine hölzerne Aussichtsplattform. Er ist mit 1,3 ha der größte Moorsee des Böhmerwaldes. Die Torfschicht des Moores beträgt bis zu sieben Meter. Hier gibt es auch einen Naturlehrpfad mit Tafeln. In Teilen des Gebietes wurde früher Torf gewonnen. Sehenswert ist die typische Moorvegetation mit den Birken, den Legföhren und Wollgräsern, den Heidesträuchern und den Engelwurz-Seggenwiesen. Vor allem die Birken fallen hier auf.

Anfahrt

Von Philippsreut, Grenzübergang Marchhäuser, fährt man über Strážný bis Horní Vltavice auf der Staatsstraße 4. Danach links ab auf der Staatsstraße 167 bis Borová Lada. Hier am Parkplatz Svinná Lada gibt es eine Informationsstelle, die Auskunft über das Königsfilz gibt.

Wanderroute

Am Parkplatz **Svinná Lada** ist eine Sitzgruppe angebracht. Wir halten uns von hier in südöstlicher Richtung auf dem Fahrweg und überqueren die Warme Moldau auf einer Bachbrücke. Wir kommen zum Ortszentrum von **Borová Lada**. Wir halten uns im rechten Winkel links weg, der *grünen Markierung* nach, und kommen dann im Rechtsschwenk über eine Bachbrücke. Dann teilt sich der Weg. Wir gehen links weg, leicht bergauf. Der Blick reicht weit über die recht flache Landschaft mit den sanften Waldhügeln. Der Weg ist von Bäumen und Büschen begleitet und auf der linken Seite sehen wir den flachen Talboden mit den Moosen und Filzen, und es geht etwas auf und ab, vorbei an einzelnen Häusern, die zum Teil aus Holz sind und Walmdächer haben. Eine Kolchose wird passiert. Wir kommen nach **Nový Svět**. Nach den Häusern macht der Weg einen Linksschwenk, und über eine kleine Anhöhe erreichen wir das Ortsende und gehen im Rechtsbogen bergab. Dann steigt der Weg aussichtsreich leicht wieder an, wieder zwischen Häusern und dann aus dem Ort hinaus. Der Fahrweg ist dicht mit Bäumen und Büschen bestanden. Am Wegrand sind immer wieder einzelne Häuser.

Dann erreichen wir ein Waldstück, das wir durchqueren. Halbrechts am Hang sieht man ein Haus mit einer Kapelle. Wir kommen zu den ersten Häusern von **Šindlov**. Langgezogen geht es bergan auf einem Hangweg, bis zu einer quer verlaufenden Straße. Hier halten wir uns links in Richtung Nové Hutě. Auf der Anhöhe ist ein Parkplatz mit Wandertafeln angelegt. Es heißt hier **Šindlov rozcestí**. Von diesem Parkplatz halten wir uns in westlicher Richtung bergab in eine Senke. Wir folgen der *gelben Markierung* in den Talboden, kommen über eine Brücke und zu den Häusern von **Nové Hutě**. Bei einer Bushaltestelle geht es links weg, der *grünen Markierung* nach. Wir sind auf 945 m Höhe. Es heißt hier **Rozcestí pod zvěřinou**. Ein Haus und eine Bachbrücke werden passiert. Der Weg zieht leicht hoch und verläuft am Hang. Das Land fällt nach links sanft in den Talboden und rechts ist Wald. Nach einer Dreieckkreuzung geht es leicht bergauf durch einen Waldvorsprung. Dann wird der Blick frei auf das Tal und die gegen-

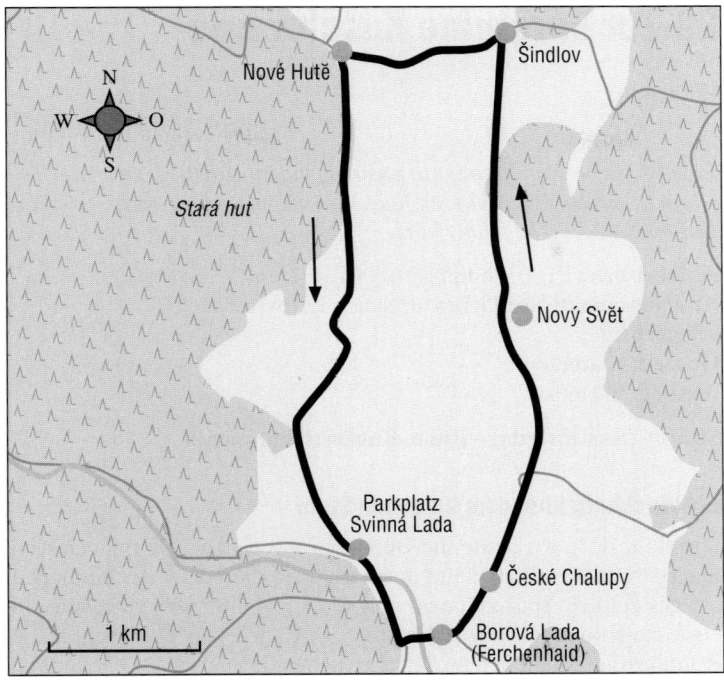

überliegenden Hänge mit den verstreuten Häusern und natürlich auf die Filze und Moose. Links zieht sich der Wald zurück und macht Weideland Platz. Schließlich erreichen wir den höchsten Punkt dieses Weges, der mit einer Bank ausgestattet ist und eine schöne Aussicht bietet. Jetzt schwenkt der Weg nach links und führt hinunter in leichtem Bogen auf die Talbäume zu, vorbei an einer Häusergruppe und der Informationsstelle. Von hier sind es nur noch wenige Meter zum Parkplatz.

Wanderkarte
SHOCart GeoClub Nr. 35 „Šumava, Tromjezí, Pláně"

Weitere Auskünfte
Okresní úřad Prachatice, Velké nám 2, CZ 38301 Prachatice

29 Zur Burgruine Kuschwarda

Eine herrliche Wanderung mit anstrengendem Aufstieg über zum Teil schmale felsübersäte Wurzelpfade. Ein Rundkurs ist nicht möglich. Dafür ist die Strecke relativ kurz.

Anfahrtsorte: BRD: Philippsreut / CZ: Strážný
Ausgangspunkt: Nördliches Ortsende Lutovský
Länge: 6 km
Gehzeit: 2 Stunden
Anstieg: 300 m

Strážný (Kuschwarda) – Ruine Kunžvart und zurück

Die Wachburg über dem Goldenen Steig

Ungefähr dort, wo heute die Bundesstraße 12 bzw. die tschechische Staatsstraße 4 verläuft, kann man sich auch die Trasse des Goldenen Steiges denken. Spuren davon sind südlich von Strážný zu sehen: ein etwa ein Kilometer langer Abschnitt in Form eines Hohlweges. Die Route verlief direkt in dem Sattel zwischen den 912 bzw. 937 m hohen Gipfeln des Gemeindeberges, zog hinunter zum heutigen Waldrand, wo sich weitere Reste des Steiges dem markierten Waldweg nähern. Die Trasse wurde Anfang des 18. Jh. nach Westen verlegt und ging im Bogen um den Gemeindeberg, das geht jedenfalls aus einer Karte des Jahres 1736 hervor. Man hat die Reste des Steiges untersucht und auch eine Reihe von Gegenständen gefunden, beispielsweise Hufeisen der Säumerpferde.

Unweit von Strážný ist im 17. Jh., unterhalb der gleichnamigen Schutzburg, in der Nähe eines Mayerhofes die kleine Siedlung Kunžvart entstanden. Siedlung und Burg gehörten der Herrschaft von Vimperk, und die kleine Wachburg Kunžvart erhebt sich auf einem mächtigen Felsenvorsprung des Berges Strážný (1115 m). Sie diente zum Schutz des Winterberger Goldenen Steiges und wurde in der Mitte des 14. Jh. vom tschechischen König geplant und den Her-

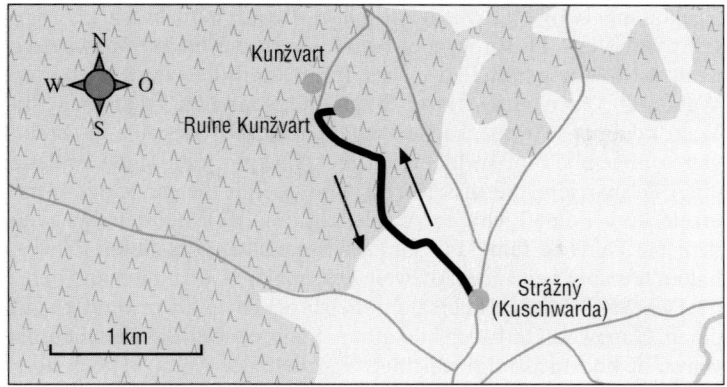

ren von Janowitz anvertraut. Die Anlage ist 1359 zum ersten Male als Eigentum der Janowitzer erwähnt, soll aber nach Urkunden schon 1547 verlassen worden sein. Die Anlage hat einen zentralen Wohnturm, viel ist aber nicht mehr erhalten. Die einzige Aufgabe der Burgbewohner war die Überwachung des Goldenen Steiges. Kunžvart gehört übrigens zu den höchsten Burgbauten Tschechiens.

Die Gemeinde Strážný am Bergfuß wurde erst 1672 gegründet und hat ihren deutschen Namen „Kuschwarda" von der Burg Kunžvart auf dem Schlösselberg. Und der Name „Schlösselberg" kommt von „Ödes Schloss", so wurde die Anlage 1547 bezeichnet. Die Kirche von Strážný ist 1964 abgerissen worden. Aus dieser Kirche stammt der Altarstein der Neuen Tussetkapelle in Philippsreut, die von Böhmerwäldern nach dem Zweiten Weltkrieg als Andenken an die Tussetkapelle im böhmischen Stožec errichtet wurde.

Anfahrt

Von Deutschland geht es auf der B 12 über Philippsreut, Grenzübergang Marchhäuser, nach Strážný.

Wanderroute

Am nördlichen Ortsende von **Lutovský**, vor einer neuen, gelben Häusergruppe, geht es links zu einem Restaurant bei einer parkähnlichen Grünanlage und danach, sich rechts haltend, vorbei an Wohnblöcken

– gegenüber befindet sich ein Parkplatz – bis zu einem Schild „Durchfahrt verboten". Davor wandern wir links ab, der *blauen Markierung* nach, und zwar parallel zu einem Skilift, steil die Wiese hoch zum Waldrand. Oben laufen zwei Skilift-Bergstationen zusammen. Im Wald kommen wir ebenso steil zu einer kleinen Kapelle aus Stein, gehen aber noch im Waldbereich rechts weg in den Hang, entlang einer Felsbarriere, die aussieht, als wäre sie künstlich angelegt. Dann erreichen wir eine Lichtung. Auf der rechten Seite steht ein Haus, zu dem ein Feldweg führt. Für ein Stück benutzen wir diesen Zuweg, halten uns aber bei einem Abzweig links in den Wald hinein und bergab. Der Waldboden ist übersät mit Felsbrocken, und wir wandern auf einem Hangweg. Und auch hier gibt es Steinmauern, die aussehen, als wären sie künstlich aufgeschichtet. Nun zieht der Weg steil hoch, aber gleich zweigt rechts ein Pfad ab. Wir müssen also auf die Markierung achten, dieser Pfad verläuft in nordwestlicher Richtung. Der Steilhang hat relativ spärliche Markierungen.

Vor uns liegt das steilste Stück des Anstieges. Je höher wir kommen, umso mehr lichtet sich der Mischwald und man sieht in der Nähe des höchsten Punktes Felsbarrieren. Hier zweigt die *Markierung Burgzeichen*, ein *stehendes L*, nach rechts ab. Von der Burg gibt es nur noch ein paar Mauern und Turmreste. Ringsum stehen Bäume, welche die Aussicht versperren. Man kann ein paar Felsklötze hochklettern und um den Sockel gehen. Wir wandern aber zunächst wieder zurück. Und dort, wo der Weg wieder auf die normale Balkenmarkierung stößt, ändert sich die *Markierung* hier von *blau* zu *gelb*. Die *gelbe Markierung* führt uns einen steilen Hang hinunter ins Bachtal Ortovka. In diesem Bachtal leitet die Markierung nach links, nach Norden, zu einem Parkplatz bei Polka. Der Parkplatz liegt in der Nähe der Warmen Moldau und der Verbindungsstraße zwischen Borová lada und Horní Vltavice. Vom Talboden aus gibt es aber keine Verbindung nach Strážný. Wir müssen also auf gleichem Weg zurückgehen.

Wanderkarte
SHOCart GeoClub Nr. 35 „Šumava, Tromjezí, Pláně"

Weitere Auskünfte
Okresní úřad Klatovy, Plzeňská 90, CZ 33901 Klatovy

30 Im Urwald von Boubín

Eine lange Wanderung auf teils sehr guten Wegen, teils recht schwierigen Steilpfaden, die sich auf verschiedene Etappen ausdehnen lässt und insgesamt durch eine urwüchsige Landschaft führt.

Anfahrtsorte: BRD: Philippsreut/Marchhäuser / CZ: Zátoň oder Kaplice, oberhalb Lenora
Ausgangspunkt: Parkplatz Boubín bei Kaplice, oder Zátoň
Länge: je nach Route 9 km, 14 km oder 16 km
Gehzeit: 3, 4,5 oder 5 Stunden
Anstieg: 300 m, 530 m oder 600 m

Zátoň / Kaplice – Boubínské jezírko – Na Křížkách – Boubín vrchol – Zátoň / Kaplice

Boubíner Urwaldwege

Der Boubín (Kubany), mit dem höchsten Punkt 1362 m, ist ein Höhenrücken nördlich von Lenora. Urkunden aus dem Jahre 1710 besagen, dass sich auf den Bergen Boubín und Bobik (Schreinerberg, 1263 m) Urwälder mit ungewöhnlich großen Nadelbäumen und Buchen befanden. 1858 hat man in diesem Bereich 141 ha Wald unter Naturschutz gestellt. Dieses Gebiet wurde dann nach schweren Naturkatastrophen auf 47 ha verkleinert, aber 1958 wieder auf den heutigen Umfang (600 ha) ausgedehnt. Der Kernbereich ist eingezäunt. Das Boubínmassiv besteht aus Gneis und ist überwiegend mit Nadelbäumen bewachsen. Der urwaldähnliche Bereich liegt oberhalb von Kaplice bzw. Zátoň, also nördlich dieser beiden Orte. Die Waldmeister der Herren von Schwarzenberg haben das Gebiet seit 1858 gepflegt. Hier gibt es Bäume, die dreihundert und vierhundert Jahre alt sind. Eine Fichte, deren Alter auf vierhundertfünfzig Jahre geschätzt wurde, ist allerdings dem Sturm am 4. Dezember 1970 zum Opfer gefallen. Als Unterholz wächst eine Vielzahl von Farnen, aber

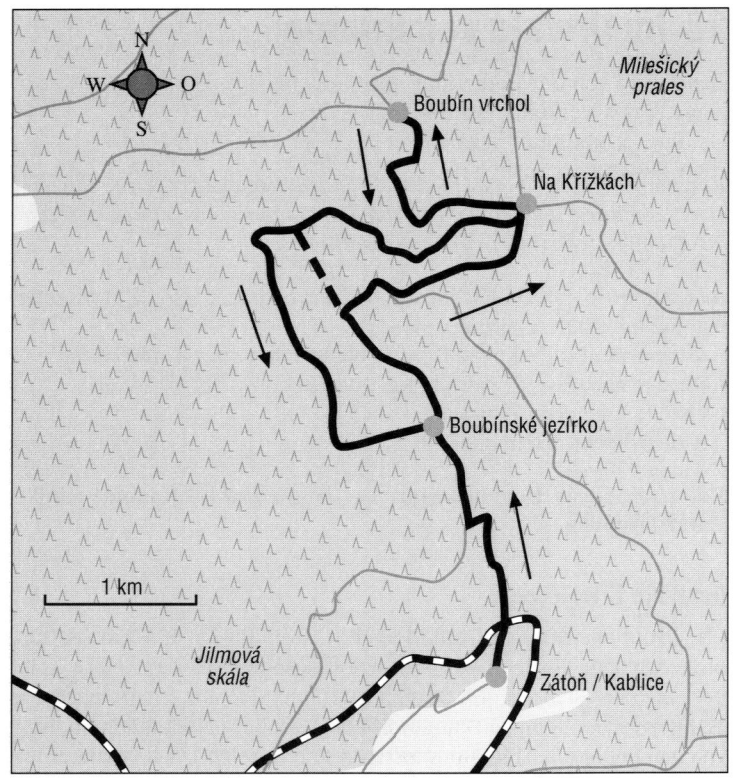

auch der Alpenlattich, das Alpenglöckchen, der echte Waldmeister, die Waldhyazinthe, der Bärlapp und vieles andere.

Ab dem Boubíner See beginnt ein Lehrpfad mit dem Namen „Boubínský prales" (Urwald von Boubín), der um den Urwald herumführt. Dieser See ist ein Stauweiher aus dem 19. Jh. und war ursprünglich für das Flößen von Holz angelegt worden. Im Wildpark widmet man sich der Zucht von Hirschwild. Im Wald am westlichen Abhang des Boubín befinden sich größere Reste des Goldenen Steiges. Man hat diese Reste in den Jahren 1994 bis 1998 untersucht, geodätisch vermessen und komplett mit Metallsuchgeräten erforscht.

Das Gewirr der einzelnen Wagengleise mit vielen Kreuzungen und Abbiegungen und das imposante Hauptgleis vermitteln ein anschauliches Bild von der Bedeutung des Goldenen Steiges und von der Intensität des Verkehrs der damaligen Zeit. Die in der Nähe liegende Siedlung Kubonhütten entstand um eine Glashütte herum, die auf dem Passauer Säumersteig, also dem Goldenen Steig, oberhalb des Dorfes Horní Vltavice (Obermoldau) vom Winterberger Bürger Jan Padescheyder gegründet wurde. Fürst Adam Franz Schwarzenberg hat diesem Bürger im Jahre 1728 die Erlaubnis dazu gegeben.

Anfahrt

Von Philippsreut, Grenzübergang Marchhäuser, geht es auf die Staatsstraße 4. Bei Houžná zweigt man auf die Staatsstraße 39 in Richtung Lenora–Volary (Wallern) ab. In Lenora vor der Bahnlinie fährt man links hoch in Richtung Zátoň und am Ortsanfang von Zátoň rechts nach Kaplice bzw. Boubín.

Wanderroute

Kaplice mit Parkplatz und Kiosk wird über ein schmales Sträßchen erreicht. Hier ist der eigentliche Startpunkt in den Urwald. (Es sei denn, man geht von **Zátoň** aus, wo man der *blauen Markierung* in nördlicher Richtung folgt.)

Wir wandern vom Parkplatz Boubín bei **Kaplice** aus über eine Bachbrücke, gehen rechts am Waldrand weiter und unter einem Eisenbahnviadukt hindurch. Wir passieren eine Schranke und gehen durch die langgezogene Lichtung, in der sich das Informationshaus am Punkt **Idina pila** in 860 m Höhe befindet. Wir folgen dem Bachlauf und dem Rand der Lichtung und kommen zu einer Dreieckkreuzung. Die *grüne Markierung* biegt links ab. Wir wandern hier im Wald zu einer weiteren Kreuzung hoch, zum Punkt **Amortovka** (858 m). (Hier mündet der Weg von Zátoň ein. Die Entfernung von Zátoň hierher beträgt 2,5 km.)

Wir wandern rechts weiter und erreichen nach 1 km bergauf, entlang der *blauen* und *grünen Markierung*, den **Stauteich**. Am Ende gibt es eine Brücke für den Abfluss und auch ein Häuschen steht hier. Die *blaue Markierung* leitet weiter nach rechts zu Na Křížkách, das sind 4 km, und zum Boubín sind es 6 km. Wir wandern vom See aus dem

Bachlauf folgend steil aufwärts am Zaun entlang, der das Kerngebiet des Urwaldes absperrt. Bald ist die Höhe 1010 m, **Východní Okraj Pralesa** (den Ostrand des Urwaldes) erreicht. Wo die Forststraße einen großen Bogen macht, trennt sich die *grüne Markierung* von der *blauen*. Die *blaue Markierung* zieht rechts hoch in einen Pfad. Wir nehmen die *grüne Markierung* geradeaus, und folgen einem steinigen Pfad sehr steil zu einem Forstweg hoch. Dann geht es links weiter auf 1100 m Höhe und hier heißt es **Sev. Západ. Okraj Pralesa** (Nordwestlicher Rand des Urwaldes). Am Weg steht eine Unterstellhütte mit Sitzgruppe. Wir wandern im Mischwald am Zaun entlang. Tafeln sind am Weg angebracht und erläutern die Urwaldfauna und -flora sowie die Geologie. Wir kommen zum **Jižní Okraj Pralesa** (Südrand des Urwaldes) in 1035 m Höhe. Hier wandern wir steil hinunter entlang einer **Doppelmarkierung** zum Stausee zurück und rechts zum Ausgangspunkt am Parkplatz Boubín bei **Kaplice**.

Wer aber der *blauen Markierung* aufwärts folgt, kommt zu **Na Křížkách**, stößt auf die *blau-rote Markierung* und erreicht auf steinigem und steilem Pfad den Gipfel des **Boubín** in 1362 m Höhe. Hier steht auch ein Denkmal zu Ehren des Fürsten von Schwarzenberg. Vom Gipfel kann man nach Na Křížkách zurückkehren und der *blauen Markierung* zum Ausgangspunkt folgen.

Wanderkarte
SHOCart GeoClub Nr. 35 „Šumava, Tromjezí, Pláně"

Weitere Auskünfte
Infozentrum Prachatice, Velké náměstí 2, CZ 38301 Prachatice
Infozentrum NPŠ Kašperské hory, Sušická 399,
CZ 34192 Kašperské Hory

31 Zur Tussetkapelle

Der beste Ausgangspunkt für diese Wanderung ist Stožec. Von hier gibt es gute Forstwege bis zum Fuß des Gipfels, unter dessen Felsen sich die Tussetkapelle befindet. Unser Weiterweg ist angenehm und gut zu gehen und teilweise aussichtsreich.

Anfahrtsorte: BRD: Philippsreut oder Haidmühle, Parkplatz an der Grenze zu Nové Udolí (Bahnverbindung nach Stožec) / CZ: Stožec
Ausgangspunkt: Großer Parkplatz im Ortszentrum von Stožec
Länge: 10 km
Gehzeit: 3 Stunden
Anstieg: 250 m

Stožec (Tusset) – Lívka přes St. Vitavu – Lesní silnice – Pod Stožeckou skálou – Stožecká kaple – Rozc. Pod Stožcem – Stožec hájenka – Stožec

Die Quellkirche unterm Tussetfelsen

Auf einem engen Felsvorsprung des Tussetfelsens hat man zum Schutz des Goldenen Steiges auch eine kleine Wachburg in Form eines viereckigen Wohnturms gebaut. Genaues ist nicht bekannt, vielleicht waren es die Verwalter des Goldenen Steiges im Prachaticer Bereich, das Vyšegrader Domkapitel, die den Turm errichten ließen. Existiert hat die kleine Burg vom Beginn des 14. Jh. bis zum Ende des 15. Jh.

Unterhalb dieser untergegangenen Burg steht die hölzerne Wallfahrtskapelle der heiligen Maria. Sie war früher Ziel zahlreicher böhmischer und bayerischer Pilger, welche sowohl das Gnadenbild der heiligen Maria als auch die Heilquelle aufsuchten. Der ursprüngliche Holzbau stammt aus dem Jahre 1791. Er wurde 1804 und auch später noch ein paar Mal umgebaut. Was heute zu sehen ist, stammt aus dem Jahre 1988. Nach dem Zweiten Weltkrieg war den Gläubigen aus dem Westen der Zugang zu der Tussetkapelle verwehrt. Diese führte bis

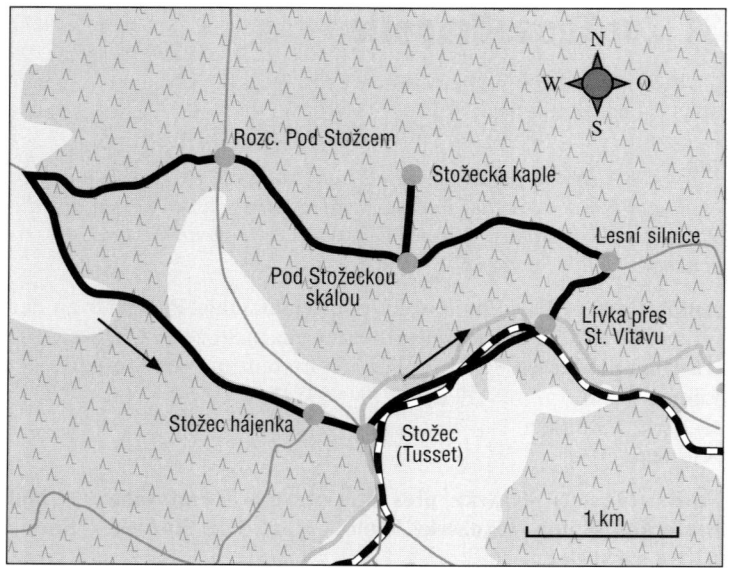

zur politischen Wende der Jahre 1990/91 ein Dornröschendasein und verfiel langsam. In Philippsreut haben aber die Vertriebenen aus dem Böhmerwald nach dem Zweiten Weltkrieg mit großem Aufwand die genaue Abbildung der Originalkapelle errichtet.

Seit der Öffnung der Grenzen gibt es aber kein Hindernis mehr, die Originalkapelle aufzusuchen, zumal von Nové Udolí, das ist der Grenzübergang von Haidmühle her, wo auf deutscher Seite ein Parkplatz angelegt wurde, eine Bahnverbindung über Stožec hinausführt. Der Zugfahrplan liegt in den Tourismusbüros und am Grenzübergang auf. Die Fahrt muss mit tschechischen Kronen bezahlt werden. Von Stožec dauert dann die Wanderung zur Kapelle ca. 1,5 Stunden. Der kleine Ort Stožec entstand erst im 18. Jh., 1791 standen in dem 780 m hoch gelegenen Ort nur sechs Häuser.

Anfahrt

Von Philippsreut, Grenzübergang Marchhäuser, fährt man weiter auf der Staatsstraße 4. Bei Nová Houžná biegt man rechts auf die Staatsstraße 39 ab, dann geht es über Lenora weiter in Richtung Volary (Wallern). Nach wenigen Kilometern nimmt man aber den Abzweig nach rechts auf die Nebenstraßen über České Žleby und von hier links östlich weiter nach Stožec. Oder man fährt von Haidmühle zum Grenzübergang Nové Udolí und kommt von hier zu Fuß oder mit der Bahn nach Stožec.

Wanderroute

Vom Grenzübergang **Haidmühle** sind es zu Fuß, der *gelben Markierung* nach, 5 km auf befestigtem Weg nach Stožec. Mit dem Auto geht es über den Grenzübergang Marchhäuser in das Ortszentrum von **Stožec**. Hier befindet sich ein großer Parkplatz mit Kiosk, gegenüber ein Gasthaus. Wir gehen den Wegweisern in *Richtung Nová Pec* nach. Es ist eine wilde Gegend mit vielen jungen Bäumen zwischen verstreuten Häusern. Wir kommen über die Brücke der Kalten Moldau (Studená Vltava). Auf der rechten Seite verläuft die Bahnlinie, die mit Triebwagen befahren wird. Dann wandern wir über die Bahngleise und folgen dem Waldrand. Es geht erneut über die Bahngleise, und wo der befestigte Weg einen Rechtsbogen macht, führt links ein *blau markierter* Pfad über die Brücke der Kalten Moldau. Dieser Pfad schlängelt sich in den Wald hinauf, knickt etwas nach links ab und wird dann steiler. In einer Höhe von 825 m erreichen wir **Pod Stožeckem**. Hier stoßen wir auf eine quer verlaufende Forststraße. Wir halten uns links und es geht weiter bergauf über eine Höhe und dann sanft bergab. Der Waldboden ist hier mit Felsbrocken durchsetzt, und die Wurzeln der Fichten klammern sich um die Steine, Farne wachsen dazwischen, aber auch dichtes Unterholz, und wir erreichen da, wo der Blick frei wird auf die Waldhügel, **Pod Stožeckou skálou**. Wir sind in 976 m Höhe und rechts führt ein steiler Pfad auf 1065 m, wo die **Wallfahrtskapelle** steht.

Jacob Klauser soll sie 1791 gebaut haben. Eingeweiht wurde sie mit der ersten Messe erst am 24. Juli 1865. Am 15. August 1920 fand eine große Friedenswallfahrt mit fünftausend Pilgern statt. Nach der Wende neu geweiht wurde die Kapelle am 25. August 1990. Man kann links neben der Kapelle zum Felsen hochgehen, auf dem einst die Burg stand. Unser Weiterweg führt wieder hinunter zum Forstweg, dem wir dann nach rechts folgen. Es ist ein Hangweg, der sanft bergab führt. Bei einer Lichtung kreuzt eine Straße. Davor befindet sich ein Abzweig. Wir halten uns erst einmal links, dann geradeaus über die Kreuzung in *Richtung Hájenka pod Spálenštém*. An der Kreuzung gibt es eine Sitzgruppe und beim Weiterweg kommen wir zu einer Dreieckkreuzung. Wir folgen der *blauen Markierung* bergauf bis zum Waldrand. Hier steht links eine Häusergruppe. Dann kommen wir auf einen Fahrweg hinaus und gehen nach dem letzten Haus links ohne Markierung weiter. Es ist eine Allee, die südostwärts leitet. Wir befinden uns am Rand einer Senke, verlassen den Waldbereich und sehen bereits am Hang halb links die Häuser von **Stožec**.

Wanderkarte
SHOCart GeoClub Nr. 35 „Šumava, Tromjezí, Pláně"

Weitere Auskünfte
Infozentrum Prachatice, Velké náměstí 2, CZ 38301 Prachatice
Infozentrum NPŠ Kašperské Hory, Sušícká 399, CZ 34192 Kašperské Hory

Weitere Wandervorschläge vom Grenzort Philippsreut aus

Auf den Královský kámen (15 km, 4 Stunden; GeoClub Nr. 34)
Stachy, *rote Markierung* – Úbislav – Královský kámen (1058 m), *blaue Markierung* – Nicov – Pod Milovským vrchem, *gelbe Markierung* – Studenec – Stachy

Zum Pürstling (16 km, 5 Stunden; GeoClub Nr. 34 und 35)
Modrova (Mader) – Cikánská slát' – Březník (Pürstling) – Modravský potok (Maderbachtal) – Modrova

In den nördlichen Filzen von Kvilda (12 km, 3 Stunden; GeoClub Nr. 34)
Kvilda, *blaue Markierung* – U Tremlů, *blaue Markierung* – Olšinka – Staré Hutě rozc., *grüne Markierung* – Olšinka – Kvilda

Zur Einkehr in Hirschbergen (24 km, 7 Stunden)
Stožec (Tusset) – nordöstlich bis *blaue Markierung* – Černý Kříž (Einkehrmöglichkeit), *gelbe Markierung* – Medvědí kamen – Jelení (Einkehr), zurück, *blaue Markierung* bis zum vodní tunel (Wassertunnel),

Über die Kalte Moldau zur Tussetkapelle.

grüne Markierung – Hučína – zurück bis Černý Kříž, *blaue Markierung* – Stožec

Zum Schwarzenbergkanal (Version 1: 16 km, 4 Stunden; Version 2: 10 km, 2,5 Stunden)

Nová Pec, *gelbe Markierung* westwärts – vom Fahrweg weg nach Südwesten zum Kanal – entweder *blaue Markierung* nordwestwärts oder *blaue* und *grüne Markierung* nordostwärts. Die Version Nordwest nach Jelení (Einkehr) und auf Fahrweg zurück. Bei *roter Markierung* (Nordost) direkt nach Nová Pec.

Zum Plöckenstein (16 km, 5 Stunden; GeoClub Nr. 36)

Nová Pec, *grüne und blaue Markierung* – zum Schwarzenbergkanal – *blaue Markierung* am Rossbach entlang – Plešné jezero (Holzschlag) – Plöckenstein, *rote Markierung* – Plöckenstein See, *gelbe Markierung* – Rakouská cesta, *grüne Markierung* – Schwarzenbergkanal, *grüne Markierung* – Nová Pec, *gelbe* oder *grüne Markierung* zurück.

32 Rund um den Moldaustausee

Diese lange Wanderung auf sehr guten Wegen, verbunden mit einer Fährenüberfahrt, ist zu jeder Jahreszeit und nahezu bei jeder Witterung zu machen. Man sieht viel vom Stausee und kommt durch eine abwechslungsreiche Landschaft.

Anfahrtsorte: Österreich: Bad Leonfelden / CZ: Horní Planá
Ausgangspunkt: Parkplatz bei der Fähre von Horní Planá
Länge: 20 km
Gehzeit: 5 Stunden
Anstieg: keiner

Horní Planá (Oberplan) – Pihlov – Maňava – Pernek – Primula – Nová Pec (Neuofen) – Nové Chalupy – Bližší Lhota – Horní Planá

Die große Seerunde

Der Moldaustausee (Vodný nádrž Lipno) ist 48 qkm groß und der größte an der 440 km langen Moldau. Er liegt am Nordrand des Nationalparks Šumava und wurde in den Jahren 1950 bis 1959 aufgestaut. Mit 44 km Länge erstreckt er sich von Nová Pec im Nordwesten bis zur Staumauer bei Lipno nad Vltavou (Lippen) im Südosten. Die Staumauer ist 220 m lang. Bei Horní Planá und Frymburk (Friedberg) gibt es Autofähren. Auch Ausflugsschiffe pendeln zwischen Horní Planá und Černá v Pošumaví (Schwarzberg), Frymburk, Lipno und Přední Vytoň (Vorderheuraffel). Unweit der Staumauer stürzt das Flussbett der Moldau die Teufelsmauer hinunter (Čertová stěna). Ein Tunnel leitet das Wasser zum Speicherbecken Lipno II oberhalb von Vyšší Brod (Hohenfurth).

Der Ausgangsort unserer Wanderung, Horní Planá, ist der Geburtsort des Dichters Adalbert Stifter. Der Ort wurde erstmals 1332 genannt. Bereits 1392 erhielt er das Marktrecht. Am östlichen Ortsausgang, an der Straße in Richtung Černá v Pošumaví, steht das Geburtshaus Stifters, der am 23. Oktober 1805 als ältestes von sechs Kindern des Lei-

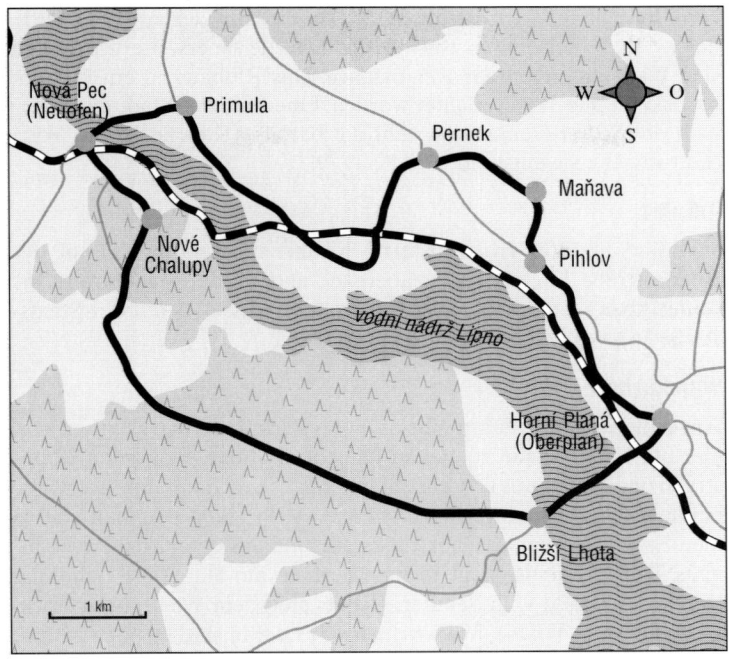

nenwebers und Händlers Johann Stifter und dessen Ehefrau Magda-
lena geboren wurde. Gestorben ist er am 27. Januar 1868 in Linz. In
Horní Planá verbrachte Stifter seine Kindheit und Jugend. Hier
machte ihn seine Großmutter Ursula mit den Sagen der Region vertraut. Der Dichter schildert immer wieder seine südböhmische Hei-
mat und den Böhmerwald, so in seinen Werken „Vitiko", „Hochwald", „Die Mappe meines Urgroßvaters" oder „In das Heidedorf".
Das Geburtshaus wurde 1960 zu einer Gedenkstätte und einem Museum umgebaut, man hat es nach der Beschreibung in „Die Mappe
meines Urgroßvaters" eingerichtet. Das Museum kann von Mai bis
September täglich von 9.00 bis 16.00 Uhr besichtigt werden.
Auf einem Felsrücken über Horní Planá hat man ein Denkmal errichtet. Die Zufahrt geht vom Geburtshaus des Dichters zu einem Parkplatz vor dem Friedhof. Ab hier kann man weiterwandern. Die Kirche

von Horní Planá ist frühgotisch. Sie stammt aus der zweiten Hälfte des 13. Jh. In den Jahren 1694 bis 1696 wurde sie erweitert. Erhalten sind Wandmalereien der Renaissance. Das Rathaus ist ein Pseudo-barockbau und 1896 errichtet worden. Oberhalb der Stadt und oberhalb des Stifter-Denkmales steht die barocke Kapelle Dobrá Voda (Gutwasser). Sie entstand 1777 bis 1779.

Anfahrt

Von Bad Leonfelden in Österreich fährt man nordwärts auf der Bundesstraße 126 zum Grenzübergang und auf der Staatsstraße 161 weiter über Studánky nach Vyšší Brod. Hier geht es auf der Staatsstraße 163 westwärts weiter bis Horní Planá.

Wanderroute

Am Anlegeort der Fähre gibt es einen Parkplatz. Wir wandern von hier auf **Horní Planá** zu, gehen über die Bahnlinie zu einer Stoppstraße und halten uns erst einmal geradeaus und dann links weg, vorbei an einer Parkanlage mit Denkmal. Auch einen Brunnen gibt es hier. Es geht vorbei an einer Tankstelle und aus dem Ortsbereich hinaus. Der Ort selber liegt rechts oberhalb am Hang, die Bahnlinie trennt die Straße vom Seeufer. Rechts steigt ein Wiesenhang hoch. Beschildert ist *Volary (Wallern)*, aber bis dahin sind es noch 22 km. Am Hang oberhalb gibt es ein Ferienheim und man sieht von dieser Hangstraße aus den See. Wir wandern vorbei an Pensionen und kommen nach **Pihlov**.

Nach Ortsende schwenkt unser *blau markierter Weg* vom Fahrweg nordwärts ab zu den Häusern von **Maňava**. Der Weiterweg verläuft dann in nordwestlicher Richtung und schwenkt wieder hinunter zur Fahrstraße bei **Pernek**. Nach einer Kolchose zweigt unsere Route nach links ab, hinunter zum Stausee. Wir kommen über eine Brücke und über die Bahnlinie zu einer Kreuzung. Hier halten wir uns rechts, passieren eine Pension mit Restaurant und wandern durch das Wiesengelände unweit des Seeufers wieder in nordwestliche Richtung. Die Häusergruppe von **Hory** wird passiert. Ein Kiosk steht an einer Kreuzung und wir kommen an Fischteichen und an einem einzelnen Haus vorbei. Der schmale Feldweg am Hang, der zum Stausee abfällt, führt durch eine hübsche Landschaft. Das Ufer ist von Bäumen ge-

säumt. Wir kommen zur Häusergruppe von **Primula** und nach **Bělá**.
Hier halten wir uns links in einen Fahrweg, der *blauen Markierung*
nach. Beschildert ist **Nová Pec**.

Wir kommen über eine Kuppe, über eine Brücke, die den nördlichen
Rest des Stausees vom großen Teil trennt, und in den Ort hinein. Auf
beiden Seiten der Kreuzung, in die wir stoßen, gibt es Restaurants.
Wir halten uns links der *blauen Markierung* nach, vorbei am Hotel
„Jezera". Wir kommen wieder über Bahngleise und passieren das
Hotelrestaurant „U Lisáka". Hier gibt es einen großen Parkplatz. Wir
wandern bergauf, der Weg schwenkt nach links, und danach verlassen
wir den Ortsteil **Nové Chalupy** und zwar beim Ortsendeschild von
Nová Pec. Im Rechtsbogen kommen wir auf den Wald zu, gehen zwischen Bäumen und verlassen nach einer Bachbrücke wieder den
Wald. Wir orientieren uns jetzt an der *gelben Markierung* und gehen
durch eine Wiesen-, Busch- und Baumlandschaft mit Blick zu den
Grenzbergen. Die Berge im Süden erreichen immerhin Höhen bis zu
900 m. Wir gehen teilweise durch lichten Wald, der immer wieder
zurücktritt. Bald erreichen wir die ersten Häuser von **Bližší Lhota**.
Wir gehen zum Seeufer hinunter, zu einer Kreuzung mit einer Bushaltestelle und links zur Fähre, mit der wir zu unserem Ausgangspunkt
übersetzen. Zu beachten ist, dass nach 17 Uhr keine Fähre mehr
verkehrt!

Wer geradeaus geht, kommt zum Grenzübergang Schöneben, der
allerdings nur für Fußgänger und Radfahrer passierbar ist. Eine *grüne
Markierung* leitet dahin. Wer auf unserer Route mit dem Fahrrad
unterwegs ist, kann einen Abstecher dahin machen, denn 8 km von
hier steht die Vertriebenenkirche, bis zur Wende eine häufig frequentierte Wallfahrtskirche. Man kann aber auch den Schwarzenbergkanal besuchen. Einen Triftkanal, der über 40 km lang ist und bis ins
vorige Jahrhundert zum Flößen von Holz genutzt wurde, das bis nach
Wien, Prag und Budapest ging.

Wanderkarte
SHOCart GeoClub Nr. 36 „Šumava, Lipensko, Český Krumlov"

Weitere Auskünfte
Okresní úřad Prachatice, Velké nám 2, CZ 38301 Prachatice

Die Holztrift

Im Bayerischen Wald und im Böhmerwald hat man, um Holz von unzugänglichen Höhen in die Täler zu transportieren, Bäche genutzt, Schwellteiche und Klausen aufgestaut, wie die Reschbach-, die Martins- und die Teufelsklause, die Kapellenbach- und die Höllbachschwelle, den Hirschteich und viele andere. Das Holz der Wälder wurde in früheren Jahrhunderten vor allem zum Heizen und zur Energieerzeugung gebraucht, aber bis ins 18. Jahrhundert gab es Probleme, das Holz des Waldes in die größeren Städte Österreichs und Ungarns zu flößen. Für den Transport nach Prag waren zum Beispiel die Teufelsschwellen zu überwinden und für den Transport nach Wien war die europäische Wasserscheide im Weg, denn alle Bäche an den nördlichen Gebirgshängen von Dreisessel, Plöckenstein und Hochficht fließen in die Moldau. Ende des 18. Jh. hatte daher der schwarzenbergische Forstingenieur Josef Rosenauer die Idee, einen Schwemmkanal zu bauen, um die Teufelsschwellen zu umgehen. In drei Jahren ließ er 87 Brücken, 157 Wasserrinnen und 22 Schleusen auf einer Strecke von fast 50 km zwischen Nová Pec und der Donau im Mühlviertel bauen. Eine besondere Attraktion war ein 419 m langer Tunnel unter dem Rücken des Flößberges, einer der ersten Tunnelbauten in Europa von solcher Länge. Als am Ende des 19. Jh. der Schwemmkanal überflüssig wurde, waren bereits vierzehn Millionen Kubikmeter Brennholz allein bis nach Wien verkauft worden. Von der Mühlmündung aus hat man das meiste Holz auf Kähne verladen, so genannte „Plätten", und teilweise sogar bis Budapest verschifft. Die Pferde haben dann die Plätten auf einem Treidelpfad zurückgezogen. Heute kann man am Schwemmkanal entlang Wandern und Radfahren. Der Kanal wurde restauriert und der markierte Radweg nimmt seinen Anfang in Jelení (Hirschbergen) bei Nová Pec, führt oberhalb des Moldaustausees durch den Nordhang des Böhmerwaldes und überquert am Sulzberg die österreichische Grenze. 1961 wurde übrigens zum allerletzten Mal Holz auf dem Schwemmkanal geflößt.

33 Auf die Halbinsel im Moldaustausee

Eine einfache und hübsche Wanderung mit einigen Einkehrmöglichkeiten auf sehr guten Wegen.

Anfahrtsorte: Österreich: Bad Leonfelden / CZ: Milná
Ausgangspunkt: Ortszentrum Milná
Länge: 8 km
Gehzeit: 2 Stunden
Anstieg: keiner

Milná – Kovářov – Hrdoňov – Posudov – Milná

Die Halbinsel bei Frymburk

Der Moldaustausee ist der größte im Böhmerwald und er unterscheidet sich von den meisten Stauseen durch seine Gestaltung. Die Warme Moldau (Teplá Vltava) fließt von Norden her zunächst durch ein Sumpfgebiet am Fuße der Grenzberge, um sich nördlich von Nová Pec erstmals zu verbreitern. Diese seenartige Verbreiterung wird durch eine Brücke getrennt. Der Weiterverlauf ist ein schmaler Arm, der sich im Wesentlichen in südöstlicher Richtung windet. Bei Horní Planá (Oberplan) beginnt ein neuer Abschnitt. Hier weitet sich der Stausee mit einem Nebenarm, der östlich des Hauptarmes beginnt und von diesem durch eine Straßenbrücke getrennt ist, auf eine Breite von gut 6 km. Dieser Nebenarm verläuft in nördlicher Richtung mit einer weiteren seenartigen Ausbuchtung, gespeist von der Olšína, einem Fluss-System, das beim gleichnamigen Ort einen See geschaffen hat, der in den Moldaustausee abfließt. Bei Frymburk (Friedberg) hat der Stausee eine seiner Engstellen und einen Nebenarm, der sich nordwärts hochzieht und unsere Halbinsel bildet, die östlich von der Staatsstraße 163 begrenzt ist. Der weitere Verlauf des Stausees geht in einem engen Arm südwärts, um dann nach Osten zu schwenken und beim Lipno (Lippen) sein Ende zu finden. Ein breiter Abfluss führt dann noch zum Lipnostau II bei Vyšší Brod (Hohenfurth).

Parallel von Nordwest nach Südost verlaufen die Grenzberge mit der Staatsgrenze nach Österreich. Im Bereich des Stausees gibt es nur wenige für Pkw nutzbare Grenzübergänge: einen zwischen dem österreichischen Bad Leonfelden und Vyšší Brod. Der nächste ist gut 60 km entfernt in Deutschland bei Philippsreut. Auch die für Fußgänger nutzbaren Übergänge sind spärlich. Da ist Guglwald südlich von Frymburk, das erwähnte Schöneben südwestlich von Přední Výtoň und schließlich eine Verbindung von Nová Pec in südwestlicher Richtung zum Norwald-Kammweg mit der Adalbert-Stifter-Quelle.

Anfahrt

Von Bad Leonfelden (Österreich) fährt man über den Grenzübergang Studánky nach Vyšší Brod. Von hier geht es auf der Staatsstraße 163 über Lipno und Frymburk nach Milná.

Wanderroute

Im Ortszentrum der kleinen Gemeinde **Milná** gibt es eine Kapelle und ein Bushäuschen und einen etwas größeren Platz, wo man parken kann. Es geht auf die Staatsstraße 163 hinaus. Man hält sich rechts in nördlicher Richtung und gleich nach dem Ortsende links weg, wo ein blaues Schild auf Hotels hinweist und ein Wegweiser nach Kovářov angebracht ist.

Wir folgen dem schmalen, befestigten Weg durch die Felder und Wiesen bergab in *Richtung Stausee*. Das sanft gewellte Land ist übersichtlich. In den Niederungen reihen sich Waldinseln und Buschgruppen, und verstreut gibt es Ansiedlungen. Leicht steigt der Weg zur 2 km entfernten Häusergruppe von **Kovářov**. Von hier sieht man bereits die Hotels von **Hrdoňov**. Wir passieren zwei Hotelrestaurants und gehen links weg, vorbei am Hotel „Hruštice". Wir kommen etwas steiler hinunter in eine Senke und passieren den Lužnibach. Es ist eine hübsche, abwechslungsreiche Landschaft, durch die wir uns bewegen.

Wir erreichen das Fontana-Hotel Hrdoňov und von diesem Hotel halten wir uns links in einen für den öffentlichen Verkehr gesperrten Weg. Es geht zwischen Wiesen steil hoch zu einer Kuppe und hier bietet sich eine wunderbare Aussicht ringsum, vor allem auch auf den See. Durch eine Allee erreichen wir die Häuser von **Posudov** und hier eine Vorfahrtsstraße. Wir wandern links über eine Anhöhe auf einer

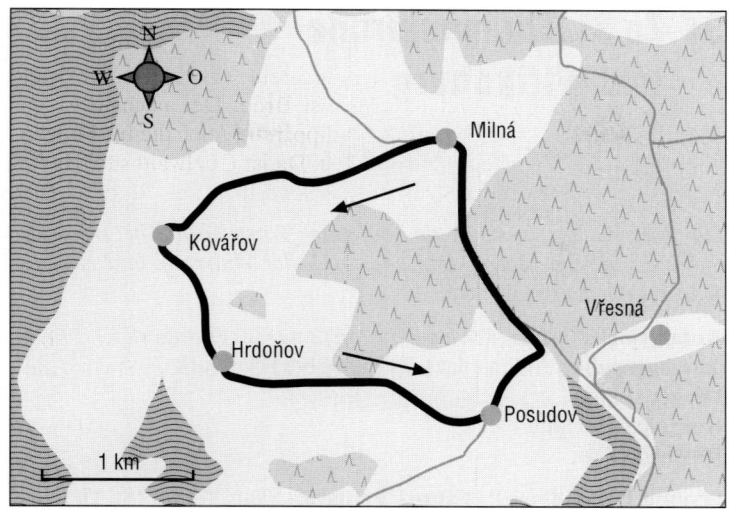

gelb markierten Route durch einen Hohlweg, der mit Bäumen und Büschen bestanden ist. Wir kommen ein Stück durch einen Wald, erreichen im Linksbogen eine quer verlaufende Straße, gehen links zwischen den Bäumen weiter, leicht bergauf zu einer Dreieckkreuzung. Hier biegen wir links in die Staatsstraße 163, kommen bergauf durch Wald, über eine Kuppe und zurück zu den Häusern von **Milná**.

Wanderkarte
SHOCart GeoClub Nr. 36 „Šumava, Lipensko, Český Krumlov"

Weitere Auskünfte
Okresní úřad Prachatice, Velké nám 2, CZ 38301 Prachatice

34 Zu St. Thomaskirche und Witikoburg

Die Route ist lang, verläuft aber auf guten Forstwegen, leitet steil hoch auf über tausend Meter, kann aber bei jeder Witterung und zu jeder Jahreszeit begangen werden.

Anfahrtsorte: Österreich: Bad Leonfelden / CZ: Frymburk
Ausgangspunkt: Anlegeplatz der Fähre bei Frymburk
Länge: 14 km
Gehzeit: 4 Stunden
Anstieg: 350 m

Frymburk (Friedberg) – Fähre – Frýdava – Svatý Tomáš (St. Thomaskapelle) – Vítkův kámen und zurück

Auf die Höhen zwischen See und Grenze

Frymburk ist ein malerisch auf einem Felsvorsprung am Lipnostausee gelegener Ort. Er wurde im 13. Jh. von den Rosenbergern gegründet und im 15. Jh. zur Stadt erhoben. Mit dem Ausbau des Stausees im Jahre 1959 blieben von der ursprünglichen Siedlung nur noch der Marktplatz und die darüber liegenden Häuser übrig. Die Kirche am Marktplatz ist frühgotisch und stammt aus dem Jahre 1277. Der Pranger am Markt ist 1651 entstanden. Adalbert Stifter nennt Frymburk in „Die Mappe meines Urgroßvaters" „Pirling".

Der Moldaustausee wurde zwischen 1950 und 1959 gebaut, als man an der Moldau einen Damm aufschüttete, der das Wasser bis zu einer Entfernung von 44 km aufstaute. Das Wasserkraftwerk dient zum Ausgleich der Energiehöchstbelastungszeiten, und das weitläufige Gebiet um den See herum ist ein beliebtes Erholungszentrum. Es gibt eine ganze Reihe von Campingplätzen, Bungalow- und Feriensiedlungen. Der See ist auch ein Anglerparadies mit Fischen wie Hecht, Zander, Karpfen, Barsch, Rutte und Aal.

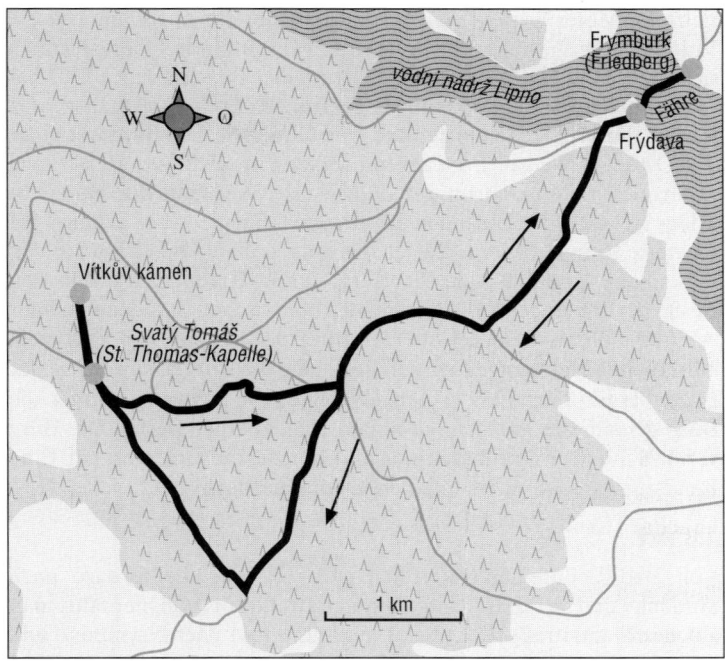

Auf einer Anhöhe am südlichen Stauseeufer, südwestlich von Frymburk, steht die Wallfahrtskirche St. Thomas. Die ehemalige Pfarrkirche ist auch den Leiden Christi gewidmet und ein gotisches Baudenkmal. 1348 wurde sie im Auftrag von Peter I. von Rosenberg errichtet. Die Sakristei an der Nordseite der Kirche ist älter, sie ist romanisch und stammt vermutlich von einer Kirche, die Wok von Rosenberg-Witiko von Krumau 1252 hat erbauen lassen. Die Kirche aus dem Jahr 1348 wurde 1510 bis 1517 spätgotisch und 1858 sowie 1874 neugotisch renoviert. Die letzte Renovierung begann 1991. An der Nordseite des Chores findet man noch ein Wandgemälde aus dem 14. Jh., also aus der ersten gotischen Bauphase der Kirche.

Oberhalb der Kirche in 1035 m Höhe stehen die Reste einer Burg, die vermutlich von Vitigo von Načeradec 1220 bis 1277 gegründet wurde. Den Hauptteil der Burg bildete der Wohnturm, der dreizehn mal siebzehn Meter groß ist. Durch den Bau der Burg wollten sich die Vitigonen die Verbindung mit ihren Lehensgütern in Oberösterreich sichern. Nach dem Aussterben der Krumauer Linie im Jahre 1302 hat Heinrich von Rosenberg die Burg geerbt. Am Ende des 14. Jh. gehörten zur Burg fünfzehn Dörfer und eine Glashütte. Die Burg war einer der Orte, wo Wenzel IV. während seiner unfreiwilligen Reise nach Österreich 1394 gefangen gehalten wurde. Während der Hussitenkriege gehörte die Burg den Herren von Balsee. Aber schon 1464 schenkte Reinprecht von Balsee die Burg seinem Onkel Johann von Rosenberg. Dadurch kam die Burg Vitkův Hrádek zurück in den Besitz der Rosenberger. Während des böhmischen Ständeaufstandes war der böhmische Adel auf der Burg, 1621 wurde sie aber vom kaiserlichen Heer eingenommen. 1622 ging die Burg in den Besitz der Eggenberger über. 1719 erbten schließlich die Schwarzenberger die Burg gemeinsam mit dem gesamten Eggenberger Besitz. Die Burg verlor dann aber ihre Bedeutung als Grenzfestung und verkam. Eine Zeit lang war sie Sitz des fürstlichen Forstmeisters.

Anfahrt

Von Bad Leonfelden/Österreich geht es über die Grenze nach Studánky und Vyšší Brod auf der Staatsstraße 161. Von hier fährt man auf der Staatsstraße 163 über Lipno (Lippen) nach Frymburk und dann mit der Fähre nach Frýdava.

Wanderroute

Von der Anlegestelle der Fähre in **Frýdava** kommen wir zu einer quer verlaufenden Straße und halten uns hier rechts. Es gibt Hinweisschilder, nach Svatý Tomáš 8 km bzw. 7,5 km, – je nach Route. Auch ein Hinweisschild auf Vitkův Hrádek (Witikoburg) ist vorhanden. Wir sind in **Pasečná**, einer Ortschaft mit nur ein paar Häusern. Unser Weg führt links hoch, dann geradeaus hinauf zwischen den Bäumen hindurch, vorbei noch an einem einzelnen Haus, das in einer kleinen Lichtung steht. Der befestigte Weg leitet immer weiter hoch bis zum Rande einer Lichtung und verläuft schließlich völlig im Wald. Wir folgen der *gelben Markierung*. Je höher wir kommen, umso flacher wird der Anstieg. Gelegentlich sieht man durch Baumlücken den See. Dann ist die Höhe überwunden und wir wandern stetig bergab zu einer Kreuzung mit einem Parkplatz und einer Unterstellhütte. Hier schwenken die *gelbe* und die *rote Markierung* rechts weg, auf diesem Weg kommt man direkt zur Svatý Tomáš.

Wir gehen aber geradeaus hinunter durch eine Senke, wieder leicht aufwärts über eine Anhöhe und danach erneut hinunter und sind an einem Steilhang. Wir passieren eine große Lichtung und kommen zu einer Kreuzung. Auch hier ist Svatý Tomáš beschildert. Wir halten uns rechts ab, nun steil hoch. Auch das ist ein Hangweg. Erneut wird eine kleine Lichtung passiert. Dann kommen wir zu einem quer verlaufenden Forstweg. Hier geht es links weiter. Wir sind wieder auf der *gelben* und *roten Markierung*. Eine Häusergruppe wird erreicht. Es ist der Rest der einstigen Siedlung. Nach wenigen Schritten kommen wir zur **Wallfahrtskirche St. Thomas**. Davor ist ein Parkplatz angelegt und auch eine Wirtschaft gibt es hier. Wer von der Kirche aus auf die **Witikoburg** steigen will, hat nur 300 m Weg und einen Höhenunterschied von vielleicht fünfzig Metern. Auf dem Rückweg folgen wir der *gelben* und *roten Markierung* bis zu der Kreuzung mit der Unterstellhütte und gehen auf dem Aufstiegsweg wieder hinunter.

Wanderkarte
SHOCart GeoClub Nr. 36 „Šumava, Lipensko, Český Krumlov"

Weitere Auskünfte
Okresní úřad Prachatice, Velké nám 2, CZ 38301 Prachatice

Der Moldaustausee bei Horní Planá.

35 Zu Maria Rast am Stein

Eine nicht allzu lange, aber wegen der Höhenunterschiede etwas anstrengende Wanderung durch eine hochinteressante Landschaft von und zu Sehenswürdigkeiten besonderer Art.

Anfahrtsorte: Österreich: Bad Leonfelden / CZ: Vyšší Brod
Ausgangspunkt: Parkanlage beim Hotel „Šumava" oder der Parkplatz beim Kloster in Vyšší Brod
Länge: 6 km
Gehzeit: 2 Stunden
Anstieg: 200 m

Vyšší Brod (Hohenfurth) – Pod Martinkovským vrchem – Maria Rast am Stein – Vyšší Brod

Wallfahrtskirche und Stationenweg

Vyšší Brod liegt im Moldautal unterhalb der Teufelsschlucht und wurde 1250 am Handelsweg von Böhmen nach Österreich gegründet. Das gotische Kloster geht auf das Adelsgeschlecht der Rosenberger und auf das Jahr 1259 zurück. Heute ist es ein weitläufiger Komplex von Gebäuden mit einer Kirche, einer Abtei und Wirtschaftsgebäuden. Der älteste Teil ist der Kapitelsaal aus der Zeit nach 1285. Der Paradieshof ist umrahmt von einem Kreuzgang aus den Jahren 1360 bis 1385. Neu gestaltet wurde er 1709. Die barocke Abtei stammt aus dem 17. Jh. und das ebenfalls barocke Gebäude der Bibliothek und der Galerie aus dem Jahre 1757. Die Klosterkirche wurde 1326 gebaut. Vor dem Chor gibt es eine Rosenberger Gruft. Die Türme sind neugotisch. In der Kirche befindet sich eine Kopie des gotischen Tafelbildes der Hohenfurther Madonna. Das Original befindet sich in der tschechischen Nationalgalerie. Der ebenfalls gotische Hauptaltar entstand 1644 bis 1646, und im Seitenschiff gibt es einen Flügelaltar aus dem Jahre 1524. In der Bibliothek haben sich siebzigtausend Bände angesammelt, unter anderem seltene Handschriften und Urkun-

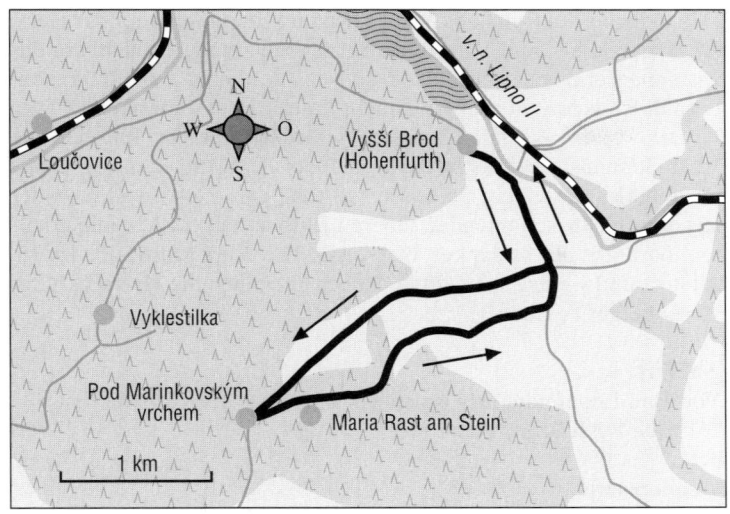

den. Im Klosterareal gibt es außerdem ein Postmuseum. Betreut wird das Kloster von den Zisterziensern.

Die Stadtkirche von Vyšší Brod war ursprünglich gotisch und wurde im 16. Jh. umgebaut und hundert Jahre später barockisiert. Das Rathaus hat man im 19. Jh. regotisiert. Das spätgotische Spital stammt aus dem Ende des 15. Jh. Einige Häuser im Ort gehen noch auf gotische und Renaissancebauten zurück.

Vyšší Brod gehört zum Bezirk Český Krumlov (Krummau), einer Landschaft, die vom Böhmerwald, dem Planskerwald und den Bergen von Gratzen umschlossen ist. Geprägt wird das Land heute vom Moldaustausee. Aus der ärmlichen, an der Landwirtschaft ausgerichteten Region, an die Adalbert Stifters Erzählungen erinnern, ist ein Zentrum für Wassersport und Erholung mit Hotels, Pensionen und Restaurants, mit Stränden und Siedlungen aus Wochenendhäusern und Jachthäfen entstanden. An der Grenze zu Österreich liegt Nové Hrady, das älteste böhmische Naturreservat, gegründet 1838, außerdem der Žofínský prales, ein richtiges Urwaldgebiet, und westlich von Lipno (Lippen) ragt einer der höchsten Böhmerwaldberge auf, der Smrčina. Die Schlagader der Region ist aber die Moldau.

Der südliche Teil Böhmens befand sich im Mittelalter unter der Herrschaft der Adelsfamilie der Rosenberger. Sie gründeten nicht nur das Zisterzienserkloster Vyšší Brod und das Städtchen Frymburk, sondern ihnen gehörten auch die Städte Prachatice, Vimperk und Český Krumlov. Das Zeichen dieses Geschlechtes ist die fünfblättrige Rose. Stammsitz war der heute dreihundert Einwohner zählende Ort Rožmberk (Rosenberg), 6 km nordöstlich von Vyšší Brod. Von der aus dem 13. Jh. stammenden Oberen Burg ist nur noch wenig erhalten, darunter ein schlanker Wehrturm. Die Burg wurde im 16. Jh. zerstört und wenige Jahrzehnte danach ging auch die Herrschaft der Rosenberger zu Ende.

Anfahrt
Von Bad Leonfelden in Österreich fährt man über die Staatsstraße 161 nach Vyšší Brod.

Wanderroute
Unterhalb des Zisterzienserklosters in **Vyšší Brod** gibt es einen großen Parkplatz am Ufer des zweiten Teiles des Moldaustausees (Lipno II). Wir halten uns links in die Staatsstraße 163, passieren eine kleine Kirche und biegen vor der Kreuzung, wo die Staatsstraße 161 in Richtung zur Grenze abzweigt, rechts in ein schmales Sträßchen. Es mündet in ein kleines Vorfahrtssträßchen, das *Martinkovská* heißt. Es führt einspurig bergauf. Der Siedlungsbereich endet und wir wandern durch einen Hohlweg zwischen Büschen und Bäumen in südwestliche Richtung. Ein Hangweg wird daraus. Der Hang fällt nach rechts ab. Dann schwenkt der Weg nach links. Auf beiden Seiten des Weges rückt der Wald näher und wir kommen schließlich in den dichten Forst hinein. Am Waldrand sehen wir noch auf ein Holzhaus. Dann erreichen wir im Wald einen Parkplatz, der links vom Forstweg hochzieht. Am oberen Ende dieses Parkplatzes verläuft ein Waldweg, der zu unserer Forststraße herunterleitet und *grün markiert* ist.
Wer geradeaus weitergeht, kann der grünen Markierung bis Studánky folgen. Wir sind bei der Kreuzung **Pod Martinkovským vrchem** in 700 m Höhe. Wir können von hier aus auch nach Loučovice am Moldaustausee gehen. Das sind 5,5 km. Die Wallfahrtskapelle Maria Rast am Stein ist 1 km entfernt. Wir gehen also zum oberen Ende des

Das Kloster von Hohenfurth.

Parkplatzes zurück, auf einem Waldweg in nordöstlicher Richtung
steil aufwärts. Kurz vor dem höchsten Punkt zweigt ein Pfad rechts
steil ab. Ein fast unleserlicher *Holzwegweiser* trägt den Namen *Maria
Rast*. Die Markierung zweigt links weg, verläuft zunächst oberhalb
des Forstweges und erreicht schließlich zwei Kapellenbauten, eine
große kreuzförmige und eine kleine daneben. Dahinter gibt es Sitzgruppen. Die **Kapelle Maria Rast** wurde 1888 gebaut. Vor der kleine-
ren Kapelle ist eine steinerne Kanzel angebracht. Es gibt zwei große
Eingänge zu den Kapellen. Stufen führen vom Hang herauf. Ein gro-
ßes Kreuz mit einem Stein ist hinter den Kapellen aufgestellt und
unterhalb befindet sich eine Grotte mit einer liegenden Figur.
Der Weiterweg führt über Steinstufen nordöstlich hinunter, vorbei an
einem zerfallenen Gemäuer aus Stein, und leitet zum **Stationenweg**.
Es beginnt bei der zwölften Station. Ein Forstweg wird überquert und
wir kommen steil im Bogen hinunter und nach der achten Station
zum Waldrand. Wir folgen einer Buschreihe abwärts durch Felder und
Wiesen ins Tal hinunter. Wir haben eine wunderschöne Aussicht und
der Weg ist auch sehr schön. Bei der vierten Station zweigt der Pfad

von der Buschreihe weg. Es geht halb rechts abwärts und am Ende einer Wiese wieder zwischen Busch- und Baumwerk durch einen Hohlweg. Jetzt wird es steil. Wir sind auf einem ziemlich ausgewaschenen und teilweise verwachsenen Pfad. Dann geht es hinunter zu Wochenendhäusern, wo sich der Weg verzweigt. Wir gehen links abwärts einer Baumreihe nach durch ein mit Busch- und Baumgruppen durchsetztes Landstück. Vorab sehen wir bereits die Häuser und die Kirche von **Vyšší Brod**. Bei einer Fichtengruppe erreichen wir die Besiedlung. Nach ein paar Schritten kommen wir auf eine Teerstraße und gehen geradeaus hinunter zum Hauptplatz mit den Parkanlagen und dem Hotel „Šumava". Neben der Kirche gibt es hier auch eine Kapelle. Wir halten uns links in die Straße, die von der Grenze herkommt, biegen bei der Kreuzung wieder links weg zum Parkplatz unterm Kloster.

Wanderkarte
SHOCart GeoClub Nr. 36 „Šumava, Lipensko, Český Krumlov"

Weitere Auskünfte
Okresní úřad Prachatice, Velké nám 2, CZ 38301 Prachatice

Weitere Wandervorschläge vom Grenzort Bad Leonfelden (Österreich) aus

Zur Teufelsschlucht (11 km, 3 Stunden)
Vyšší Brod (Hohenfurth), *rote Markierung* – Čertová stěna, *rote Markierung* – Vyklestilka (887 m), *gelbe Markierung* – Pod Martinkovským vrchem – Vyšší Brod

Zum Alpenblick (8 km, 2,5 Stunden)
Lipno (Lippen), *gelbe Markierung* – Helios – Kramolín – Alpaská vyhlídka, *blaue Markierung* – Slupečná odp., *grüne Markierung* – Lipno

Nach Rožmberk (14 km, 4 Stunden)
Vyšší Brod, *rote Markierung* – Kraví hora – Žumberský kobec (783 m) – Skalka (639 m) – Rožmberk (Burg), *rote Markierung* – zurück über Adler bis Abzweig, *grüne Markierung* – Brzdový kámen – Hrudkov – Vyšší Brod

Etwas Tschechisch

Deutsch–Tschechisch

acht	osm	eins	jeden
Achtung	pozor	Endstation	konečná stanice
Ankunft	příjezd	Entschuldigung bitte	promiňte
auf Wiedersehen	na shledanou	Fabrik	továrna
Ausgang	východ	Fähre	přívoz
Aussichtsturm	rozhledna	Feld	pole
Bach	potok	Felsen	skála
Bahn	dráha	Ferienheim	prázdninová ubytování
Bahnhof	nádraží	Fisch	ryba
Bahnverbindung	železničn spojení	Fleisch	maso
Baum	strom	Fluss	řeka
Berghütte	horská chata	Forst	les
Bergwerk	doly	Freitag	pátek
Bier	pivo	fünf	pět
bitte	prosím	Fußweg	pěšina
blau	modrý	Gasthof	hostinec
Blume	květina	Gebäude	budova
braun	hnědý	Gebirge	pohoří
Brot	chléb	gelb	žlutý
Brücke	most	Geschäft	obchod
Brunnen	studna	gestern	včera
Buche	buk	Gipfel	vrchol
Burg	hrad	Graben	příkop
Burgruine	zřícenina	Gras	tráva
Bushaltestelle	autobusová zastávka	grün	zelený
danke	děkuji	gut	dobře
Denkmal	pomník	guten Abend	dobrý večer
deutsch	německý	guten Morgen	dobře jitro
Dienstag	úterý	guten Tag	dobrý den
Donnerstag	čtvrtek	Haltestelle	zastávka
Dorf	vesnice	Haus	dům
drei	tři	heute	dnes
Ebene	rovina	hier	zde
Eingang	vchod	Höhle	jeskyně

hundert	sto	schwarz	černý
Hütte (Eisen-/Glas-)	hut'	sechs	šest
Insel	ostrov	See	jezero
Ist es weit?	je to daleko?	sehr gut	velmi dobře
ja	ano	sieben	sedm
Kaffee	káva	Sonntag	neděle
Kapelle	kaple	Stadt	město
Käse	sýr	Staudamm	přehradní hráz
Kirche	kostel	steil	příkrý
klein	malý	Straße	ulice
Kloster	klášter	Strauch	keř
Kreuzung	křižovatka	Süden	jih
langsam	pomalý	Sumpf	bažina
Lichtung	paseka	Suppe	polévka
links	nalevo	Tal	údolí
Mittag	poledne	tausend	tisíc
Mittwoch	středa	Tee	čaj
Montag	pondělí	tief	hluboký
Moor	bažina	Tier	zvíře
morgen	zítra	Umleitung	objížďka
Mühle	mlýn	verboten	zakázaný
Museum	muzeum	verzeihen	prominout
nah	blízký	vier	čtyři
Nationalpark	národní park	Vorsicht!	Pozor!
nein	ne	Wald	les
neun	devět	Wanderweg	turistická stezka
Norden	sever	Wasser	voda
Osten	východ	Wasserfall	vodopád
Parkplatz	parkoviště	Weide	pastva
Platz, Ort	místo	Wein	víno
Polizei	policie	weiß	bílý
Quelle	pramen	weit	daleký
Rad	kolo	Westen	západ
rechts	vpravo	wie komme ich nach ...?	jak se dostanu do?
rot	červený	Wiese	louka
Ruine	zřícenina	zehn	deset
Samstag	sobota	Zimmer frei	ubytování
Schloss	zámek	Zug	vlak
Schlucht	propast	zwei	dva

Tschechisch–Deutsch

ano	ja	káva	Kaffee
autobusová zastávka	Bushaltestelle	keř	Strauch
bažina	Sumpf, Moor	klášter	Kloster
bílý	weiß	kolo	Rad
blízký	nah	konečná stanice	Endstation
budova	Gebäude	kostel	Kirche
buk	Buche	křižovatka	Kreuzung
čaj	Tee	květina	Blume
černý	schwarz	les	Forst, Wald
červený	rot	louka	Wiese
chléb	Brot	malý	klein
čtvrtek	Donnerstag	maso	Fleisch
čtyři	vier	město	Stadt
daleký	weit	místo	Platz, Ort
děkuji	danke	mlýn	Mühle
deset	zehn	modrý	blau
devět	neun	most	Brücke
dnes	heute	muzeum	Museum
dobré jitro	guten Morgen	na shledanou	auf Wiedersehen
dobře	gut	nadraží	Bahnhof
dobrý den	guten Tag	nalevo	links
dobrý večer	guten Abend	národní park	Nationalpark
doly	Bergwerk	ne	nein
dráha	Bahn	neděle	Sonntag
dům	Haus	německý	deutsch
dva	zwei	obchod	Geschäft
hluboký	tief	objížd'ka	Umleitung
hnědý	braun	osm	acht
horská chata	Berghütte	ostrov	Insel
hostinec	Gasthof	parkoviště	Parkplatz
hrad	Burg	paseka	Lichtung
hut'	Hütte (Eisen-/Glas-)	pastva	Weide
jak se dostanu do?	wie komme ich nach ...?	pátek	Freitag
je to daleko?	Ist es weit?	pěšina	Fußweg
jeden	eins	pět	fünf
jeskyně	Höhle	pivo	Bier
jezero	See	pohoří	Gebirge
jih	Süden	pole	Feld
kaple	Kapelle	poledne	Mittag

polévka	Suppe	tisíc	tausend
policie	Polizei	továrna	Fabrik
pomalý	langsam	tráva	Gras
pomník	Denkmal	tři	drei
pondělí	Montag	turistická stezka	Wanderweg
potok	Bach	údolí	Tal
pozor	Achtung	ulice	Straße
pozor!	Vorsicht! Achtung!	úterý	Dienstag
pramen	Quelle	včera	gestern
prázdninová ubytování	Ferienheim	vchod	Eingang
přehradní hráz	Staudamm	velmi dobře	sehr gut
příjezd	Ankunft	vesnice	Dorf
příkop	Graben	víno	Wein
příkrý	steil	vlak	Zug
přívoz	Fähre	voda	Wasser
prominout	verzeihen	vodopád	Wasserfall
promiňte	Entschuldigung bitte	vpravo	rechts
propast	Schlucht	vrchol(ek)	Gipfel
prosím	bitte	východ	Ausgang
řeka	Fluss	východ	Osten
rovina	Ebene	zakázaný	verboten
rozhledna	Aussichtsturm	zámek	Schloss
ryba	Fisch	západ	Westen
sedm	sieben	zastávka	Haltestelle
Šest	sechs	zde	hier
sever	Norden	zelený	grün
skála	Felsen	železnični spojení	Bahnverbindung
sobota	Samstag	Zimmer frei	ubytování
sto	hundert	zítra	morgen
středa	Mittwoch	žlutý	gelb
strom	Baum	zřícenina	Burgruine, Ruine
studna	Brunnen	zvíře	Tier
sýr	Käse		